La fille qui rêvait d'embrasser Bonnie Parker

Isabelle Gagnon

La fille qui rêvait d'embrasser Bonnie Parker

Worterklärungen von
Laure Boivin

Ernst Klett Sprachen
Stuttgart

1. Auflage 1 ⁶ ⁵ ⁴ ³ ² | 2024 23 22 21 20

Internetadresse: www.klett-sprachen.de

Worterklärungen von Laure Boivin

Redaktion: Elena Bergmann
Layoutkonzeption: Elmar Feuerbach, Sandra Vrabec
Gestaltung und Satz: bostext, Friolzheim
Umschlaggestaltung: Sandra Vrabec
Titelbild: Corbis (M. Deutsch), Berlin
Foto S. 111: © Justine Latour, 2014
Druck und Bindung: Medienhaus Plump GmbH, Rheinbreitbach

Printed in Germany

ISBN 978-3-12-592305-8

9 783125 922976

Table des matières

Liste des abréviations

≠	antonyme de
→	mot de la même famille
etw	etwas
exp	expression
f	féminin
fam	familier
fpl	féminin pluriel
jdm	jemandem
jdn	jemanden
m	masculin
mpl	masculin pluriel
péj	péjoratif
québ	québécois
qc	quelque chose
qn	quelqu'un
vulg	vulgaire

À la mémoire de Liz Trobishi, 17 ans, assassinée le 2 août 2009 au centre gai et lesbien de Tel-Aviv

Préface

Je me rappelle qu'elle était lumineuse et qu'elle voulait que je l'appelle Marie. Ce qu'elle venait raconter à mon micro était trop douloureux pour utiliser son vrai prénom.

Marie avait 19 ans. Elle aimait une femme. C'était sa différence, qui longtemps avait été lourde à porter. La noirceur de son cœur avait pris tant de place que pour l'oublier, elle s'était souvent fait mal, à se faire saigner. Sa vie était devenue si douloureuse qu'elle avait tenté de se l'enlever deux fois. Peu importe où elle était, sa différence était tout ce qu'on lui renvoyait. C'était comme ça depuis des années, avant même qu'elle ne puisse mettre des mots sur ce qu'elle ressentait.

Cet après-midi de notre rencontre, moi qui savais que c'était étincelant d'avoir 16 ans et d'être amoureuse, je me suis aperçue que ça pouvait aussi être vraiment très sombre. Marie a fini par retrouver la lumière en elle et s'y accrocher.

Cette lumière qui inondait maintenant le micro devant sa bouche. Son histoire qu'elle brûlait de raconter pour en toucher d'autres. Ce fut ma seule rencontre avec Marie et aujourd'hui je pense à elle. Je me dis qu'à 15 ans, si elle avait pu lire *La fille qui rêvait d'embrasser Bonnie Parker*, peut-être que cette lumière serait venue plus tôt.

Annie Desrochers*

* Annie Desrochers anime *Ados radio* à Radio-Canada, une émission quotidienne conçue pour les 12–17 ans, qui explore différents sujets tant en entrevue qu'en reportage et donne une tribune unique aux jeunes.

1 **être lumineux** *pour une personne :* strahlen – 7 **saigner** → le sang – 13 **étincelant** *ici :* splendide, magnifique – 16 **inonder** *ici :* durchfluten – 17 **brûler de faire qc** être impatient de faire qc – 25 **une entrevue** une interview – 25 **une tribune** *ici :* un « lieu » pour s'exprimer librement

Florence et Andy

5 avril

Parfois, quand j'observe autour de moi, j'ai l'impression de ne pas être à ma place. Je me regarde dans le miroir et me demande ce que je fais ici, dans ce pays, cette ville, cette famille. À la base, je devais être destinée à vivre sur une autre planète et j'ai dû échouer par erreur sur la Terre. Qui sait ? Peut-être qu'un peu de sang martien coule dans mes veines. Ma mère n'arrête pas de me répéter que je suis compliquée. Selon elle, j'aime me compliquer l'existence. Je coupe les cheveux en quatre et je cherche des poux et des puces là où, paraît-il, il n'y en a pas. Il y a des jours où ma mère devient folle à cause de moi et de mes petites phrases assassines. Il faut dire que j'ai le don de trouver les bons mots pour la faire rager. Elle et moi sommes totalement incompatibles. Je n'arrive pas à comprendre comment j'ai pu passer 9 mois dans son ventre sans déclencher chez elle des crises d'urticaire. C'est étonnant qu'elle soit ma mère. Nous n'avons tellement rien en commun ! Et le pire, c'est que les gens n'arrêtent pas de dire qu'on se ressemble comme deux gouttes d'eau... Tout pour me dégoûter ! S'il y a bien une chose au monde que je ne veux pas, c'est ressembler à ma mère.

Je trouve ma vie d'un ennui mortel à côté de tous les rêves qui traversent ma tête d'extraterrestre. D'après Andy, j'ai une imagination sans limite. Il dit que j'ai une âme d'artiste et que c'est pour ça qu'on s'entend aussi bien, lui et moi. Andy, c'est mon meilleur ami. Toutes les filles de l'école sont folles

7 **martien** [maʀsjɛ̃] de la planète Mars – 9 **couper les cheveux en quatre** *expr fig* se compliquer la vie – 10 **chercher des poux** *mpl* **et des puces** *fpl* **(là où il n'y en a pas)** *expr fig* trop se concentrer sur des détails sans importance – 13 **un don** *ici :* un talent – 16 **déclencher** provoquer – 16 **une crise d'urticaire** *f ici : fig* une allergie – 20 **dégoûter** anwidern – 24 **l'âme** *f* Seele, Herz

de lui. Mais moi, je n'ai jamais cherché à le séduire. Il faut croire que je n'ai pas le cerveau fait comme celui des autres filles... Je dois avouer que ma vie sentimentale n'est pas très palpitante. On pourrait même dire que pour une fille de 16 ans, je ne suis pas en avance sur mon âge pour tout ce qui a trait au sexe. Mais les quelques garçons qui s'intéressent à moi ne me plaisent jamais assez pour aller plus loin que quelques baisers. D'ailleurs, si on veut me mettre en colère, on n'a rien qu'à me demander si j'ai un chum. C'est tellement humiliant de devoir répondre à cette question ! Non, je n'ai pas de petit ami. J'en ai juste un très grand : Andy. Ce que j'aime par-dessus tout chez lui, c'est qu'il est libre. Ce n'est pas un mouton qui suit bêêêtement le troupeau. Depuis quelques mois, quand ça tourne au vinaigre avec mes parents, je vais me réfugier chez lui. Il vit seul avec sa mère, Marjolaine. C'est l'infirmière de l'école. Andy n'a jamais connu son père et franchement, il n'a pas l'air de s'en porter plus mal. Il faut dire que Marjolaine est vraiment géniale. Quand je parle avec elle, je me sens quelqu'un d'important. Ça me change de ma mère qui croit que j'ai encore 10 ans. Personnellement, je pense qu'il devrait y avoir une loi autorisant les adolescents à changer de parents. C'est stupide de devoir vivre avec des gens qui ne comprennent rien à ce que vous êtes ! Marjolaine, si je pouvais choisir, j'aimerais bien qu'elle soit ma mère adoptive.

Pour ma fête, j'ai demandé une nouvelle guitare électrique. Depuis quatre ans, je suis des cours et mon prof dit que j'ai un vrai talent. Pas autant qu'Andy, c'est certain, mais quand même, je me débrouille pas si mal avec mes dix doigts.

1 **séduire qn** essayer de plaire à qn – 2 **le cerveau** Gehirn – 4 **palpitant** *ici :* excitant – 6 **avoir trait à qc** avoir rapport à qc – 9 **un chum** *québ* un petit ami – 13 **un troupeau** Herde – 14 **tourner au vinaigre** *expr fig* mal se passer, finir par une dispute – 17 **franchement** sincèrement

L'avantage quand on a très peu d'amis et pas d'amoureux, c'est qu'on a beaucoup de temps libre. Je passe donc plusieurs heures par jour à jouer de la guitare, pour le plus grand malheur de ma mère qui ne supporte pas mes goûts musicaux.

Depuis le début de l'année scolaire, Andy et moi avons le projet de monter un groupe. C'est pour cette raison que j'ai demandé une nouvelle guitare, une Gibson. Je nous imagine bien, ensemble sur une scène, devant une foule en délire. Dans mes rêves, je chante super bien et j'ai un corps de déesse comme les filles dans les magazines. Tout le monde veut être ma meilleure amie ! Je sais, c'est un rêve ridicule... Je chante faux et je suis tout sauf sexy. Et si les filles veulent être copines avec moi, c'est plus pour s'approcher du bel Andy que par affinité avec la bizarre Florence que je suis. D'ailleurs, je sais que dans mon dos, tout le monde se demande ce qu'Andy me trouve. Il se fiche de ce que les autres peuvent penser ! Je dirais même qu'il m'aime bien parce que je ne suis pas comme les autres, à battre des cils et à lui faire des sourires en me trémoussant. Il m'accepte comme je suis et s'il n'était pas là... Non. J'aime mieux ne pas penser à ce que je deviendrais si Andy disparaissait de ma vie...

Il fait un temps à ne pas mettre un chat dehors. Marjolaine a proposé à Andy et à Florence de regarder un film de son impressionnante collection de DVD. Sur l'écran, on voit Faye Dunaway sourire une dernière fois à Warren Beatty avant que leurs deux corps ne soient criblés de balles.

6 **monter** *ici :* créer, fonder – 8 **en délire** *m ici* : tobend – 9 **une déesse** → un dieu – 18 **battre des cils** *mpl* mit den Wimpern klimpern – 19 **se trémousser** *ici :* bouger son corps de manière séduisante (→ séduire p. 13) – 26 **cribler qn de balles** *fpl* jdn mit Kugeln durchsieben

– Ouf ! J'avais oublié à quel point ce film est violent ! Mais qu'est-ce qu'ils sont beaux tous les deux ! déclare Marjolaine, pendant que défile le générique.

– C'est vrai que Faye Dunaway est vraiment belle, confirme Florence, encore sous le choc des dernières images du film Bonnie and Clyde. Marjolaine tourne la tête vers elle et fronce les sourcils. Je trouve que tu as un petit quelque chose de Faye Dunaway... Je ne sais pas, les yeux peut-être ? Non ! C'est la bouche ! Tes lèvres, ton sourire ! Tu ne trouves pas, toi ?

Andy se tourne à son tour vers son amie et l'examine avec attention.

– Hey ! Vous avez fini de me regarder comme ça ? Il ne faut pas exagérer. Je suis super laide à côté d'elle. Franchement, je ne lui ressemble pas du tout, faut arrêter de délirer !

– Pourquoi tu te dénigres sans arrêt ? Tu es super belle ! Tu as des yeux magnifiques !

Marjolaine se tait et replace derrière l'oreille de Florence la mèche de cheveux rebelle qui fait de l'ombre à ses grands yeux bruns.

– Flo, ne t'en fais pas, ma mère exagère tout le temps. Je ne vois pas comment tu pourrais avoir le sourire de Faye Dunaway, puisque tu fais tout le temps la gueule !

Andy bombe le torse et relève le menton. Il adore la faire sortir de ses gonds. Une fois de plus, il a gagné son pari. Elle lui balance un coussin à la tête et se rue sur lui.

– Bonnie and Clyde ! Et si notre groupe s'appelait Bonnie and Clyde ? lance Andy en baissant les armes.

Florence en profite pour lui asséner un dernier coup de coussin au visage. Elle reprend son souffle et réfléchit quelques secondes.

– J'ADORE !!

3 **le générique** à la fin d'un film, la liste des acteurs, producteurs, du réalisateur etc. – 6 **froncer les sourcils** *mpl* die Augenbrauen runzeln – 13 **laid** ≠ beau – 14 **délirer** *ici : fam* spinnen – 15 **se dénigrer** trouver qu'on n'est pas assez bien, ne pas avoir confiance en soi – 18 **une mèche** Strähne – 20 **ne pas s'en faire** ne pas s'inquiéter – 23 **bomber le torse** die Brust herausstrecken – 24 **sortir de ses gonds** *mpl fig* s'énerver – 24 **un pari** Wette – 25 **se ruer sur qn** sich auf jdn stürzen

Les deux amis se tapent dans les mains. L'affaire est signée. Un groupe vient de naître.

– Tu restes manger avec nous ? demande Marjolaine.

Florence perd son sourire et soupire.

– Merci, c'est gentil de m'inviter, mais je ne peux pas rester. C'est l'anniversaire de mon idiot de frère. Ma mère veut qu'on soit tous ensemble à nous faire la gueule autour d'un gros gâteau au chocolat… D'ailleurs, si je ne veux pas me faire assassiner comme Bonnie Parker, je ferais mieux d'y aller.

Marjolaine attrape son manteau et ses clés de voiture.

– Vu le temps qu'il fait, je vais te reconduire. Pendant ce temps-là, tu peux éplucher des pommes de terre, mon grand ?

Andy ne semble pas ravi de la proposition de sa mère, mais se dirige quand même vers la cuisine. Il saisit trois grosses patates et commence à jongler. Florence le regarde faire, un sourire en coin. Tout ce à quoi il touche se transforme en jeu.

– À demain Clyde, murmure-t-elle. Andy reste concentré sur ses mains.

– C'est ça, Bonnie, à demain !

26 avril

Ça y est : Andy est amoureux et cette fois, il a l'air d'avoir bien mordu à l'hameçon ! Elle s'appelle Chloé et c'est la fille la plus prétentieuse que je connaisse. Il dit qu'il ne veut pas sortir avec elle, mais franchement, il n'y a qu'à voir sa tête quand elle passe près de lui pour comprendre… Elle pourrait lui demander de se coucher par terre ou de donner la patte comme un gentil chien-chien et je crois qu'il le ferait ! Bref, je ne reconnais plus mon Andy et ça me rend malade. Je suis

4 **soupirer** seufzen – 12 **éplucher** schälen – 13 **ravi** heureux – 22 **mordre à l'hameçon** *m ici : fig* anbeißen – 23 **prétentieux** arrogant – 26 **la patte** Pfote

déçue qu'il soit attiré par ce genre de fille. Elle est tellement superficielle ! Si j'étais à sa place, jamais je ne me laisserais manipuler par une fille comme Chloé. Je ne comprends pas comment fonctionnent les gars. On dirait que la testostérone leur embrouille la tête. Ce soir, Marjolaine m'a raccompagnée en voiture, officiellement à cause du mauvais temps, mais je sais qu'elle voulait se retrouver seule avec moi pour parler. Elle voit bien que je ne suis pas dans mon assiette depuis quelque temps et elle voudrait savoir pourquoi. Mais moi, je reste muette comme une carpe. Je n'ai pas envie de parler et d'expliquer pourquoi je broie du noir. Elle et Andy trouvent que je me dénigre sans arrêt et c'est vrai, je ne m'aime pas. J'ai l'impression que mon corps est trop petit pour moi. J'étouffe, je me sens à l'étroit dans ma carcasse. Je ressens parfois de drôles de choses et ça me fait peur. Comme tout à l'heure, quand l'espace d'une minute, j'aurais aimé être à la place de Clyde Barrow pour embrasser Bonnie Parker. Elle est tellement belle… rien à voir avec moi. Quand j'étais toute petite, il m'arrivait de rêver d'être un garçon pour pouvoir être galante avec les filles. Au fond, ce vieux rêve ne m'a jamais complètement quittée. De temps à autre, il sort du placard et ça me trouble à chaque fois. Je crois que l'idée qu'Andy soit amoureux fait surgir tout un tas de questions et de vieilles histoires que je n'ai pas envie d'affronter…

Quand je suis arrivée à la maison, ma mère m'a engueulée parce que je rentrais tard et que tout le monde m'attendait pour le repas d'anniversaire de Thomas. Heureusement, mes

5 **embrouiller** rendre confus – 8 **ne pas être dans son assiette** *expr fam* ne pas aller bien – 10 **muet comme une carpe** *fig* totalement silencieux – 11 **broyer du noir** *expr fig fam* être déprimé – 14 **étouffer** *ici : fig* ne pas pouvoir respirer – 14 **se sentir à l'étroit dans sa carcasse** *fig fam* ne pas se sentir à l'aise dans son corps, avoir besoin de sortir de soi – 23 **surgir** apparaître – 25 **engueuler qn** *fam* jdn anschnauzen

grands-parents étaient là et ma mère s'est vite calmée. On a mangé du poulet et des frites, le menu préféré de mon frère. Ensuite, il a soufflé les 14 bougies de son gâteau et j'ai enfin pu monter dans ma chambre écouter de la musique. Marjolaine m'a parlé de Serge Gainsbourg dans la voiture. J'ai trouvé sur Internet la chanson « Bonnie and Clyde » dont elle me parlait. Une chance qu'il y a la musique pour me remonter le moral ! J'espère vraiment qu'Andy va tenir sa promesse pour le groupe. J'espère aussi que Chloé va changer d'école ou attraper une maladie grave et ultracontagieuse. Je sais, je suis méchante, mais il faut bien que je reste fidèle à ma réputation !

Bon… Il est tard et je vais m'étendre sur mon lit. Avant de m'endormir, j'aime bien prendre le temps de rêvasser. Tout est si beau et parfait dans mes rêves éveillés. Rien à voir avec la vraie vie.

Florence est allongée sur le canapé, bien au chaud sous la couette. Elle observe sa mère qui passe et repasse sans arrêt devant elle, à la recherche d'une paire de chaussures, d'un dossier important ou de la clé de sa voiture… Elle se demande ce qu'elle peut manger pour être toujours aussi agitée. Le son de ses talons qui claquent contre le parquet lui tombe sur les nerfs.

– Tu fais encore de la fièvre. N'oublie pas de prendre tes médicaments toutes les quatre heures, insiste son père, les sourcils froncés.

Florence repousse la main paternelle qui vient se poser sur son front.

10 **ultracontagieux** *fam* sehr ansteckend – 11 **rester fidèle à sa réputation** seinem Ruf gerecht werden – 18 **une couette** une couverture

– Pa, tu pourrais aller chercher mon Ipod dans ma chambre ? implore-t-elle, avec son plus bel air de chien battu.

– Thomas ! Tu peux descendre le Ipod de ta sœur ?

– Paul, tu penseras à prendre des œufs et du lait ce soir avant de rentrer ? demande Sandra, un tube de rouge à lèvres dans une main et son téléphone dans l'autre. Je vais faire des crêpes pour souper.

Paul acquiesce et caresse furtivement le dos de sa femme. Ce geste d'affection agace Florence et elle détourne la tête.

Thomas s'approche d'elle d'un pas nonchalant, les écouteurs sur les oreilles. Il ronchonne et prend un air dégoûté.

– T'écoutes vraiment juste de la musique de vieux ! Lâche un peu les années 70. Il y a eu d'autres groupes depuis les Beatles !

– Si je voulais connaître ton avis, je te le demanderais, répond Florence d'une voix rocailleuse.

Thomas hausse les épaules pour marquer son indifférence. Il pousse les pieds de sa sœur et s'assoit sur le canapé.

– Tu sais quoi ? Hier soir à la sortie de l'école, j'ai vu Andy. Il tenait Chloé par la main. Je les ai même vus s'embrasser.

Il ferme les yeux et mime un baiser avec la langue. Florence s'énerve et éjecte son frère du canapé en le frappant à coups de pied.

– T'es vraiment une grosse brute ! Pas étonnant qu'Andy te délaisse pour une autre fille.

– Et toi, t'es vraiment le plus grand des imbéciles sur Terre ! Andy, c'est juste un ami et je n'ai jamais voulu sortir avec lui ! Et s'il veut embrasser Chloé, c'est ses affaires. T'es tellement con ! Tu ne comprends jamais rien !

2 **implorer** anflehen – 2 **un air de chien battu** *fig* l'air très malheureux – 8 **acquiescer** [akjese] faire oui de la tête – 8 **furtivement** discrètement – 9 **agacer** énerver – 10 **nonchalant** *ici :* lent – 11 **ronchonner** meckern – 16 **rocailleux** *ici :* rau – 17 **°hausser les épaules** *mpl* mit den Schultern zucken – 17 **l'indifférence** *f* ≠ l'intérêt

– Ho ! Ça suffit vous deux ! Pas de gros mots dans cette maison, intervient Sandra, les poings sur les hanches. Thomas, si tu veux que je te dépose à l'école, dépêche-toi. Lâche ta sœur un peu ! Tu vois bien qu'elle est malade. Florence, il y a de la soupe et du jambon dans le frigo pour ce midi, ajoute-t-elle sur un ton plus doux.

Sandra attrape son fils par les épaules et le pousse vers la porte.

– C'est vraiment plus fort que toi ! Il faut toujours que tu la fasses fâcher.

Elle lui donne un coup de coude dans les côtes.

– Aïe ! Tu me fais mal ! Les femmes de cette maison sont vraiment des brutes !

– C'est ça, plains-toi, petite nature.

En revenant dans le salon, Paul voit sa fille roulée en boule sous la couette, les yeux fermés et les écouteurs sur les oreilles. Il pense une seconde lui toucher l'épaule, mais se ravise au dernier moment. Il sent que sa fille n'est pas d'humeur à accepter une surdose d'affection… Sans la quitter des yeux, il s'éloigne du canapé. Sa petite fille a disparu et a été remplacée par une ado qu'il connaît mal. Il prend sa mallette et quitte lui aussi la maison, le vague à l'âme en pensant au temps qui passe si vite, trop vite.

Florence est enfin seule et ne pense plus qu'à ce que vient de lui raconter son frère. Depuis trois jours, elle se bat contre une violente bronchite et ne peut sortir de la maison. Apparemment, elle a manqué des épisodes. Les choses ont évolué entre Chloé et Andy, et ce dernier n'a pas cru bon l'en informer. Ses yeux s'emplissent de larmes.

– Rien ne sera jamais plus comme avant… balbutie-t-elle.

1 **un gros mot** un mot malpoli, une expression trop familière, vulgaire – 2 **un poing** Faust – 2 **une °hanche** Hüfte – 11 **le coude** Ellbogen – 11 **une côte** *ici :* Rippe – 13 **une brute** une personne violente – 14 **une petite nature** *fam* qn qui n'est pas fort, qui a mal pour un rien – 17 **se raviser** changer d'avis – 21 **une mallette** une petite valise – 22 **le vague à l'âme** *expr* un peu triste, nostalgique

5 mai

Je suis sous le choc !

Ma mère vient de me dire que Raphaëlle va revenir... Raph revient vivre à Montréal ! Je ne m'attendais vraiment pas à ça. Ma mère a beaucoup hésité avant de m'apprendre la nouvelle. Elle sait à quel point ça a été difficile de nous séparer, elle avait peur de ma réaction. Elle n'avait pas tort... J'étais tellement bouleversée et mal à l'aise que je n'ai trouvé qu'une platitude à lui balancer à la figure. J'ai fait celle qui n'avait pas entendu, je l'ai regardée droit dans les yeux et je lui ai conseillé de se faire faire un lifting. Il ne faut pas chercher le rapport, il n'y en a pas. J'ai blessé ma mère. J'ai vu des larmes dans ses yeux et cette fois-ci, ça m'a fait de la peine pour elle. Ma mère n'a pas besoin de lifting. Honnêtement, elle ne fait pas son âge. Cette fois, je crois que j'ai perdu les pédales... Mais en me disant que Raphaëlle allait revenir, c'est comme si elle m'avait donné une gifle ou un coup de poing dans le ventre.

Mon amitié avec Andy est très forte, mais ça n'a rien à voir avec les liens qui nous unissaient Raphaëlle et moi. Quand elle est partie il y a deux ans, ma vie s'est écroulée et, depuis, tout a changé.

La veille de son départ, je suis allée dormir chez elle. Nous n'avons pas pu fermer l'œil de la nuit. Nous voulions profiter au maximum de ces dernières heures ensemble. C'était très

7 **avoir tort** ≠ avoir raison – 8 **bouleversé** troublé par de fortes émotions – 13 **faire de la peine à qn (pour qn)** jdm leid tun – 15 **perdre les pédales** *fpl expr fig* dire n'importe quoi, avoir l'esprit confus – 17 **une gifle** Ohrfeige – 21 **s'écrouler** se casser, tomber en morceaux

bizarre. Il n'y avait plus un seul meuble dans la pièce, à part un matelas gonflable au sol. Plus rien sur les murs, juste des démarcations plus pâles, là où étaient accrochées ses affiches. C'est tout ce qui restait des années passées là. Jamais je n'oublierai cet appartement vide et l'écho que ça faisait quand on parlait fort. Rien qu'à y repenser, j'en ai la chair de poule. C'était hyper douloureux de penser qu'à compter du lendemain, un océan nous séparerait. Je ne savais pas comment j'allais faire pour vivre sans Raph. Nous étions sur la même longueur d'onde. Nous aimions la même musique, les mêmes films, les mêmes livres. Elle adorait la guitare. C'est pour ça que j'ai commencé à en jouer. En fait, c'est avec elle que j'aurais voulu former un groupe. Raphaëlle, elle me comprenait sans que j'aie à parler. Je me souviens, nous avions vu un reportage à la télé sur la télépathie et nous étions persuadées de posséder cet étrange pouvoir de communication. Notre amitié devait durer toute la vie. Nous n'en doutions pas une seule seconde. Depuis l'âge de huit ans, nous étions inséparables.

Mais voilà, les choses ne se passent pas toujours comme dans les rêves ou dans les films…

Quand les parents de Raphaëlle se sont séparés, elle avait deux choix : suivre son père à Londres où il venait d'être muté, ou sa mère qui voulait retourner dans son pays d'origine, la Suède. Elle a préféré suivre son père. Au début, quand elle est arrivée à Londres, nous passions des heures et des heures sur Messenger, à planifier quand nous pourrions nous revoir et à

2 **gonflable** aufblasbar – 3 **une démarcation** *ici :* une trace – 6 **la chair de poule** Gänsehaut – 9 **être sur la même longueur d'onde** *expr fig fam* super bien s'entendre – 15 **persuadé** convaincu, sûr – 22 **muter qn** *dans le monde du travail :* transférer qn

nous raconter les moindres détails de nos journées. Je restais éveillée jusqu'à tard dans la nuit pour pouvoir lui parler à son réveil à cause du décalage horaire… C'est fou comme elle me manquait ! Je me sentais comme si on m'avait coupé un bras. J'avais perdu une partie de moi-même. Mais le plus dur restait à venir.

Environ six mois après son départ, tout a basculé. Du jour au lendemain, je n'ai plus reçu aucune nouvelle de Raphaëlle. Elle s'est déconnectée de Messenger et n'a plus répondu à mes messages. Au début, j'étais folle d'inquiétude. J'ai essayé d'appeler chez elle des tonnes de fois. Je tombais toujours sur le répondeur. J'ai imaginé le pire. Elle avait peut-être eu un accident. Elle était peut-être morte sans que son père me prévienne. Et puis un soir, au lieu du répondeur, j'ai entendu sa voix : « Hello ? ». J'ai crié. Je lui ai dit que j'avais eu peur qu'il lui soit arrivé quelque chose de grave. Elle ne répondait rien, je n'entendais que le son de la télé derrière. Puis elle a prononcé ces quelques phrases, qui m'ont fracassé le cœur : « Florence, ne m'appelle plus. S'il te plaît, ne m'écris plus, c'est inutile. Notre amitié est devenue impossible. Oublie-moi, fais comme si je n'avais jamais existé. » La ligne s'est coupée sans que je puisse dire un mot. J'ai cru que ma tête allait exploser. J'ai pleuré des nuits entières. Je ne mangeais plus, ne touchais plus à ma guitare. J'avais besoin de Raphaëlle pour me sentir bien. Qu'elle ne soit plus là, près de moi, ça me torturait. Mais de ne plus avoir de nouvelles, ça me tuait. Raphaëlle, c'était plus qu'une amie. Elle était tout pour moi. Aujourd'hui je peux le dire : je l'aimais trop. Je ne crois pas que les autres filles rêvent d'être un garçon pour être plus proche de leur amie…

1 **le moindre** le plus petit – 3 **un décalage** *ici :* une différence – 7 **basculer** *ici :* changer radicalement

Moi, j'ai déjà pensé à ça. Être un garçon m'aurait simplifié la vie.

Mes parents ont fini par s'inquiéter et m'ont amenée chez un psy. Au bout de quatre séances chez monsieur Laurent, j'ai recommencé à manger et à jouer de la guitare. Le psy a expliqué à mes parents que j'étais hypersensible et que mon imagination était un peu plus développée que la moyenne. Mais il ne fallait pas qu'ils s'inquiètent, j'allais survivre à mon adolescence. Mes parents ont fait ouf ! et tout est rentré dans l'ordre. Du moins, en apparence. Je n'ai plus jamais prononcé le nom de Raphaëlle devant eux. Ils étaient contents de moi. J'étais redevenue moi-même. C'est à partir de ce moment que je suis devenue amie avec Andy. Un garçon. Les amitiés entre filles, je ne voulais plus en entendre parler. Trop compliqué. J'avais peur que les choses se mélangent, comme avec Raphaëlle. Une fois ça suffit. Avec Andy au moins, si je finissais par avoir envie de l'embrasser, ça ne serait pas un problème. Je n'ai jamais parlé de cette envie à personne. Pas même à monsieur Laurent.

Le fait que Raphaëlle revienne m'angoisse. J'ai peur que certaines choses refassent surface. J'ai peur de mes rêves, de mes pensées les plus profondes. Et puis je ne sais pas si je supporterai de revoir son visage après tout ce temps passé à la pleurer et à la détester. Je lui en veux de m'avoir laissée tomber comme une vieille chaussette trouée. Mais d'un autre côté, j'aimerais bien qu'elle m'explique au moins une fois pourquoi elle a voulu me faire disparaître de sa vie de façon aussi brutale.

9 **faire ouf** être soulagé, avoir moins peur – 20 **angoisser qn** faire très peur à qn – 21 **refaire surface** *f* réapparaître, revenir – 24 **en vouloir à qn** être fâché avec qn

– Florence ! Flo !

Florence se retourne et aperçoit Andy qui court dans sa direction, un bras dans les airs au milieu des autres élèves qui sortent de l'école en se bousculant.

– Hé ! J'ai cru que tu ne t'arrêterais jamais. Tu ne m'entendais pas ?

Florence hausse les épaules et se remet en marche d'un pas nonchalant.

– J'étais perdue dans mes pensées, bredouille-t-elle.

– Ça, ce n'est rien de bien nouveau. Tu es toujours perdue dans tes pensées ! Tu peux arrêter à la maison ? J'ai quelque chose à te faire écouter.

Florence hésite, puis acquiesce d'un léger signe de tête. Elle suit son ami et l'entend lui parler de tout et de rien. Jamais elle ne l'a vu aussi bavard. Elle en déduit qu'il n'est pas vraiment à l'aise et qu'il n'arrive pas à lui dire la vérité au sujet de Chloé.

– Flo, c'est quoi le problème ? T'es super bizarre depuis tout à l'heure. T'as encore de la fièvre ?

Florence regarde le bout de ses chaussures et rentre le cou dans les épaules.

– Je croyais qu'on était les deux meilleurs amis du monde, finit-elle par dire.

– Ben, oui. T'es mon amie, s'empresse de répondre Andy.

Elle n'arrive pas à cacher son agacement et garde le silence.

– Qu'est-ce que tu as ? On dirait que tu as mangé de la vache enragée !

– Oublie ça... Je suis de mauvaise humeur. Ça va passer, marmonne-t-elle.

– Et tu ne veux pas me dire pourquoi t'es de mauvaise humeur ?

Elle cesse de marcher et regarde son ami dans les yeux.

4 **se bousculer** se pousser les uns les autres – 15 **bavard** qui parle beaucoup – 15 **déduire qc de qc** conclure qc de qc – 23 **s'empresser de faire qc** faire vite qc – 24 **l'agacement** *m* → agacer p. 19 – 25 **manger de la vache enragée** *fam ici :* être de mauvais humeur – 31 **cesser** arrêter

– Je sais que tu sors avec Chloé et j'aurais aimé que tu me le dises toi-même. Parce qu'au cas où tu ne le saurais pas, toute l'école en parle.

Andy devient rouge jusqu'aux oreilles et enfonce les mains dans les poches avant de son jean.

– Je… Tu étais super malade, je ne voulais pas te le dire avant que t'ailles mieux…

– Andy, j'aimerais mieux être sourde plutôt que d'entendre ça !

– Bon, bon ! J'avais peur de ta réaction et puis là, tu me prouves que j'avais raison de penser que tu le prendrais mal.

Florence soupire et tourne les talons. L'attitude d'Andy la rend folle. Elle ne rêve plus que d'une chose, rentrer chez elle, s'enfermer dans sa chambre et jouer de la guitare toute seule.

– Florence ! Tu ne vas pas t'en aller comme ça ? Florence !

– C'est ça… Tu peux crier mon nom dix mille fois, ça ne changera rien… Va retrouver ta Chloé…

Andy n'a pas entendu la dernière réplique de son amie et la regarde s'éloigner, dépité.

10 mai

Je me sens triste et terriblement seule. Je viens de passer une heure enfermée dans la salle de bain à me regarder bien en face, et ce que j'ai vu m'a achevée… Je n'aime pas ma tête. Je n'aime pas mes seins, mes fesses, mon nez en trompette (le même maudit nez que ma mère…). Mes cheveux raides comme des baguettes et impossibles à coiffer. Qui pourrait bien vouloir de moi à part une âme désespérée ? Je suis banale.

18 **une réplique** une réponse – 19 **dépité** déçu – 23 **achever qn** *ici : fam* complètement décourager qn – 24 **les seins** *mpl* Busen – 24 **les fesses** *fpl* Po – 24 **un nez en trompette** *f* Himmelfahrtsnase – 25 **maudit** *ici : québ fam* verdammt – 25 **raide comme des baguettes** *fig pour des cheveux :* sehr glatt

Il existe des modèles plus laids que le mien, c'est certain. Mais je crois que rien au monde n'est pire que la banalité. Pourtant, il y a tant de choses en moi qui ne demandent qu'à exploser ! Le seul moment où je me sens vraiment bien, c'est quand je joue de la guitare avec Andy. Mais comme on ne se parle plus depuis trois jours...

J'ai sorti tout un tas de vieilles photos qui traînaient dans le fond d'un tiroir. Des photos de famille, toutes plus ridicules les unes que les autres. Mes parents avec mon frère bébé dans les bras et moi qui boude dans un coin, parce qu'ils n'ont d'yeux que pour ce petit être ignoble qui pleure tout le temps. Une autre, le jour de mon deuxième anniversaire, le visage couvert de glaçage au chocolat. Puis d'autres, moins ridicules et que je suis contente de revoir. Moi, à cheval. J'ai 11 ans et un sourire radieux illumine mon visage. Les parents de Raphaëlle m'avaient amenée en vacances avec eux. Trois semaines avec Raph, 24 heures sur 24... Nous montions à cheval tous les jours et j'adorais ça ! Je me sentais grande, forte, invincible sur cette jument. Libre aussi. Je me sentais libre et heureuse. Rien à voir avec aujourd'hui. J'ai perdu mon insouciance et mon assurance. Qui suis-je vraiment ? Depuis que Raph est partie, je crois que je me suis perdue. Maintenant qu'elle va revenir, vais-je me retrouver ? Rien de moins sûr.

Il faut que j'appelle Andy. J'ai besoin de faire de la musique, de jouer de la guitare avec lui. J'ai besoin de lui. Au diable l'orgueil... Il y a urgence. Comme dit le proverbe, quand la maison brûle, il faut appeler les pompiers.

10 **bouder** être mécontent – 11 **ignoble** horrible – 15 **radieux** *ici :* strahlend – 19 **invincible** qu'on ne peut pas battre, plus fort que tous les autres – 19 **une jument** Stute – 21 **l'insouciance** *f* le fait de ne pas se faire de *souci* (Sorgen) – 21 **l'assurance** *f* → sûr – 26 **l'orgueil** *m* la fierté

Florence referme son journal et inspire profondément. Elle appelle Andy.

– Salut. T'as fini de bouder ? Tu m'aimes encore un petit peu ? demande-t-il, narquois.

– Continue comme ça et je raccroche tout de suite, espèce de niaiseux !

Andy rit et rassure Florence.

– Non, j'arrête ! Je suis content que tu m'appelles. Tu as raison, j'aurais dû te le dire tout de suite pour Chloé. Tu me pardonnes ?

– Si tu me promets de ne jamais arrêter de jouer de la guitare avec moi, je te pardonne. Et puis il ne faut jamais que cette... que Chloé t'empêche de me voir. Je te rappelle qu'on a un grand projet tous les deux.

Andy soupire.

– Je te le jure, Florence. Il y aura toujours de la place pour toi. Et le groupe Bonnie and Clyde va bientôt faire parler de lui. Ça aussi je te le jure. D'ailleurs, ma mère nous a trouvé un endroit où pratiquer. C'est pas une super nouvelle, ça ?

– Oui. C'est génial, s'exclame Florence, sans conviction.

Le silence s'installe. Florence est soulagée de ne pas avoir Andy en face d'elle. Elle ne voudrait pas qu'il voie les larmes dans ses yeux.

– Andy, ça ne va pas du tout...

– Qu'est-ce que t'as ? Tu t'es encore engueulée avec ta mère ? Ton frère a cassé ton Ipod ?

– C'est pire que ça. Il y a quelques jours, ma mère a croisé le père de Raphaëlle en sortant du travail. Il lui a dit que son contrat à Londres n'avait pas été renouvelé et qu'il rentrait à Montréal en juin.

Florence s'assoit par terre, le dos contre le mur.

– Raphaëlle ? Ton ex-meilleure amie ? Elle va revenir vivre ici avec son père ? Wow ! Toute une nouvelle !

4 **narquois** moqueur – 6 **un niaiseux** *québ fam* un idiot

– Comme tu dis… Ça fait plus d'un an qu'elle ne m'a pas donné signe de vie. Honnêtement, je ne suis pas certaine d'avoir envie de la revoir.

– T'en fais pas. Je suis là, moi ! Viens à la maison. Je vais te faire entendre ma dernière composition. Je pense que c'est pas si mal, mais j'ai besoin que tu me donnes ton avis. Et puis je veux te montrer sur Internet la basse que ma mère a promis de m'acheter si j'ai des bonnes notes en sciences. Inutile de te dire que j'ai jamais été aussi motivé à étudier !

Florence s'efforce de sourire. Elle se sent un peu mieux.

– OK. J'arrive. Je suis là dans une demi-heure.

Florence raccroche. Avant de quitter sa chambre, son regard s'arrête sur une série de photos en noir et blanc prises dans une cabine photo. Raphaëlle et elle, joue contre joue, rivalisant en grimaces de tout genre. « Deux petits singes qui s'aiment », songe-t-elle en glissant sa guitare dans son étui.

15 mai

C'est maintenant officiel. Raphaëlle revient à la fin de l'année scolaire. Son père a contacté le mien pour qu'il lui trouve au plus vite un appartement. Comme s'il n'y avait pas d'autres agents immobiliers dans cette ville ! J'espère que mon père leur trouvera quelque chose de très loin, à l'autre bout de la ville ou, pourquoi pas, de l'autre côté du pont, en banlieue. J'ai trop peur de la revoir. Je n'en dors plus la nuit. Andy dit que je suis stupide, que c'est peut-être l'occasion de faire la paix avec elle. Mais je ne vois pas comment je pourrais faire la paix alors qu'il n'y a jamais eu de guerre ! C'est elle qui m'a laissée tomber et je ne sais même pas pourquoi. De

16 **songer** penser

toute façon, Andy, depuis que Chloé s'est greffée à son cou, je ne peux plus me fier à ce qu'il raconte. Tout ce qui sort de la bouche de la belle Chloé se transforme en vérité absolue... Au moins une phrase sur deux prononcée par Andy commence maintenant par : « Chloé dit que » ou « Chloé pense que » ! Je crois que l'amour rend les gens bêtes. Et la dernière grosse bêtise d'Andy dépasse les limites ! Il veut que Chloé soit la chanteuse de Bonnie and Clyde. C'est certain, elle est... mais sa voix ! Elle ne connaît rien à la musique et chante du nez. Cette fille est entièrement insupportable !

Avant Chloé, il n'y avait jamais eu de conflit entre Andy et moi. Depuis qu'elle est dans nos pattes, ça n'arrête pas, on s'engueule pour un oui ou pour un non. Il dit que c'est parce que je suis jalouse. La vérité, c'est qu'il a changé depuis qu'il sort avec cette fille. Ma vie est sens dessus dessous... Entre le retour de Raphaëlle et les idées saugrenues d'Andy, je n'ai plus un seul moment de répit. Mes parents disent que je suis de plus en plus agressive. C'est vrai, je le suis. Je me sens comme un volcan qui va entrer en éruption. J'ai un trop-plein à l'intérieur et je ne sais pas quand la lave va jaillir. J'ai peur de ne pas être à la hauteur de mes rêves. Peur de l'amour et de ce qu'il peut provoquer. Peur de me tromper de chemin, de ne pas prendre le bon tournant. J'ai dix mille pensées à la seconde. C'est le fouillis dans ma tête et dans mon cœur. Quand Andy embrasse Chloé devant moi, c'est vrai, je suis jalouse. Pas parce que je voudrais être à la place de Chloé, mais parce que je suis seule, célibataire, et que l'amour des autres m'exaspère. J'ai envie de vivre, de faire des choses, de ressentir

1 **se greffer au cou de qn** *ici : fig* an jdm hängen – 2 **se fier à qc** croire qc – 15 **sens** *m* **dessus dessous** [sɑ̃d(ə)syd(ə)su] complètement chaotique – 16 **saugrenu** absurde – 17 **le répit** le repos – 20 **jaillir** sortir tout à coup – 21 **être à la °hauteur de qc** être capable de faire face à qc – 24 **le fouillis** le bazar, le désordre, la confusion – 28 **exaspérer qn** énerver fortement qn

des sensations que je ne connais pas encore. Je bouille. Et je n'en peux plus de chasser Raphaëlle hors de mes pensées. Amour, amitié… Les deux qui se fondent… Je ne sais plus quoi penser.

Ma vie m'épuise.

– Florence ! Tu as bientôt fini ? J'ai un rendez-vous important avec un gros client ce matin.

Le père de Florence frappe à la porte et attend une réponse qui ne vient pas. Il fait les cent pas devant la salle de bain en grognant.

– Florence, s'il te plaît, sors de là ! Tu n'es pas toute seule au monde, je te signale ! Nous avons aussi le droit de nous laver !

La porte reste close. Florence est devenue sourde. Rouge d'exaspération, Paul descend retrouver sa femme à la cuisine.

– Tu veux bien venir convaincre ta fille de m'accorder le droit de prendre ma douche ?

– Comment ? MA fille ? Il me semble que tu étais bien dans le même lit que moi le soir où nous avons…

– Sandra, je ne peux pas être en retard ce matin, viens donc m'aider à faire sortir NOTRE fille de la salle de bain !

La mère de Florence soupire et abandonne avec regret ses toasts et son café pour suivre son mari à l'étage.

– Florence, c'est maman. Ouvre.

Rien ne bouge derrière la porte.

– Chérie, je sais que tu es en colère après nous et personnellement, je regrette la… commence Sandra avant d'être interrompue par Paul.

– Sandra, tu ne vas tout de même pas t'excuser pour hier ? Non ! Là, elle dépasse les bornes ! Florence ! J'en ai par-dessus

1 **bouillir** *ici : fig* être très agité, être sur le point d'exploser (je bouille *québ* = je bous) – 3 **se fondre** se mélanger – 10 **grogner** exprimer son mécontentement – 15 **accorder** *ici :* donner – 29 **dépasser les bornes** *fpl fig* exagérer

la tête de tes caprices ! Je compte jusqu'à trois et si tu n'as toujours pas ouvert la porte, je défonce ! UN, DEUX...

Sandra saisit l'avant-bras de son mari et met un doigt sur ses lèvres pour le faire taire. Un cliquetis se fait entendre et la poignée de la porte s'abaisse. En apercevant Florence, Paul recule de trois pas et Sandra pousse un cri.

Elle est là, devant eux, le sourire aux lèvres.

– Ben quoi ? Vous n'aimez pas ma nouvelle coupe de cheveux ?

26 mai

Il faut que je quitte mes parents. J'ai beau réfléchir, je ne trouve pas d'autre solution. Entre eux et moi, ce n'est plus possible. On s'engueule tout le temps et hier soir, quand papa m'a annoncé que le père de Raphaëlle venait de trouver l'appart de ses rêves à deux pas de la maison, j'ai cru que j'allais le mordre. Je lui avais pourtant bien demandé de ne pas leur faire visiter d'appartement trop près de chez nous ! Il m'a dit que ce n'était pas lui qui avait trouvé la merveille, mais son collègue Marcel... Je pense que mon père m'a dit la vérité, mais j'étais tellement en colère que je me suis mise à l'insulter comme du poisson pourri. Et là, ma mère s'est levée, elle m'a regardée du haut de son mètre soixante-quatre et m'a offert la claque de l'année. Jamais elle n'avait osé aller jusque-là. J'ai eu ses doigts étampés sur ma joue toute la soirée, tellement elle y a mis du cœur... Je sais que j'ai dépassé les bornes, mais est-ce

1 **un caprice** *ici :* Laune – 2 **défoncer qc** casser qc – 4 **un cliquetis** *ici :* Klicken – 5 **une poignée** *ici :* Griff – 10 **avoir beau faire qc** même si on fait qc encore et encore – 15 **mordre** beißen – 17 **une merveille** *ici :* l'appartement parfait – 19 **insulter qn comme du poisson pourri** *expr fig* bombarder qn d'insultes – 22 **une claque** Ohrfeige – 23 **étampé** *québ fam ici :* marqué (tellement le coup était fort)

que je méritais qu'elle me frappe ? Ma mère, qui se vante tout le temps d'avoir lu Françoise Dolto, elle devrait savoir que ce n'est pas bien de gifler son enfant. Mais bon, elle est comme ça ma mère. De belles paroles, mais jamais les gestes qui vont avec... Bref, tout ce que je sais, c'est que je ne retournerai pas chez le psy comme le veulent mes parents. Selon eux, ma relation avec Raphaëlle n'a jamais été normale. Ma mère a dit que ce n'est pas normal d'être à ce point déstabilisée par le départ et le retour d'une amie. Et puis elle en a rajouté une couche en disant qu'elle avait peur pour moi, pour mon équilibre et l'équilibre de la famille.

Après ça, j'ai préféré me taire et j'ai couru me réfugier dans ma chambre. J'ai mis la musique super forte pour bien faire comprendre à mes parents que j'en ai par-dessus la tête de vivre avec eux. Puis au bout d'un certain temps, j'ai baissé le son et je me suis branchée sur Messenger. J'ai voulu contacter Andy, mais il n'était pas disponible. J'ai appelé chez lui et sa mère m'a dit qu'il avait amené Chloé au restaurant... Tu parles ! Pendant que c'est la tempête dans ma vie, lui s'amuse avec sa blonde ! J'ai raccroché aussi sec. J'étais super énervée et je ne savais pas trop quoi faire pour me calmer. J'ai pris ma guitare et j'ai joué les trucs les plus destroy que je connais pour me défouler. J'ai joué jusqu'à ce que mes doigts n'en puissent plus. Après, je suis tombée raide sur mon lit, les bras en croix, prête à être crucifiée sur place. Je me suis calmée et j'ai réfléchi.

1 **mériter** verdienen – 1 **se vanter de qc** dire fièrement qu'on a fait qc – 2 **Françoise Dolto** psychanalyste française qui a beaucoup influencé l'éducation des enfants – 9 **en rajouter une couche** *fam* insister, aller encore plus loin – 16 **se brancher sur** se connecter sur – 20 **la blonde (d'un garçon)** *québ fam* (sa) copine – 23 **se défouler** sich abreagieren – 24 **raide** *ici :* brusquement – 25 **crucifier qn** *ici : fig* kreuzigen

Pour ce qui est de Raphaëlle, il faut que je grandisse un peu et que je trouve le courage d'affronter la réalité. Raphaëlle va revenir. Raphaëlle habitera tout près de chez moi. Pour une fois, je crois bien que ma mère a raison. Quand il est question de Raph, je perds la tête.

Maintenant, il faut que je trouve le sommeil. J'ai besoin de me reposer le cerveau encore plus que le corps. Je vais fermer les yeux et je vais essayer d'imaginer à quoi peut bien ressembler Raphaëlle aujourd'hui. Ses cheveux sont-ils de la même longueur et de la même couleur ? A-t-elle pris du poids ? Et moi ? Est-ce que j'ai beaucoup changé physiquement ? Je suis sûre que ma nouvelle tête la fera rire. Je n'ai jamais voulu être comme tout le monde. J'ai toujours aimé cultiver ma différence. Je ne m'habille pas comme les autres filles de mon âge, je n'écoute pas la même musique, je ne m'intéresse pas aux mêmes choses. Mes parents pensent que je me suis fait une coupe punk juste pour les provoquer, mais ça n'a vraiment rien à voir. Si je me suis coupé les cheveux, c'est pour que ma tête ressemble à ce qu'il y a à l'intérieur de moi. Le chaos, le désordre, la désinvolture. J'adore ce mot en ce moment. « Désinvolture ». Je le crierais à m'en faire éclater les cordes vocales ! Raphaëlle aimait beaucoup ce côté-là de moi. J'osais faire des choses qu'elle rêvait de faire. Elle a toujours été plus sage, plus réservée que moi. Raphaëlle, c'est un nom d'ange. Moi, j'étais plutôt un genre de petit démon. Je lui apportais un peu de folie et elle m'apportait un grain de sagesse. L'équilibre parfait. Qu'en reste-t-il aujourd'hui ?

10 **prendre du poids** grossir – 20 **la désinvolture** le laisser-aller, la liberté – 21 **les cordes vocales** *fpl* Stimmbänder – 26 **un grain de** un peu de

Et s'il avait poussé des petites cornes à l'ange Raphaëlle ? Je vendrais mon âme au diable pour effacer tout ce temps perdu l'une sans l'autre. Je me demande qui elle a pu rencontrer là-bas. Est-ce qu'elle a un chum ? Est-ce qu'elle a couché avec un garçon ? On s'était juré de tout se raconter sur notre première fois. Moi je n'aurai encore rien de bien croustillant à lui apprendre sur le sujet… Je me sens tellement nulle par rapport à ça. Mais il est hors de question que je fasse l'amour sans être amoureuse ! Alors comme le dit Blanche-Neige à ses sept nains : un jour mon prince viendra. Pour l'instant, il se cache plutôt bien et ça me fait souffrir. J'ai beau fanfaronner et vouloir paraître au-dessus de tout, mon cœur est fait comme celui des autres. Un gros muscle rouge qui se serre dans ma poitrine quand je suis seule dans mon lit la nuit.

Andy ne sait plus quoi faire pour redonner le sourire à sa blonde. Quoi qu'il dise, Chloé gémit et critique chacune de ses paroles. Surtout quand il est question de Bonnie and Clyde et de Florence.

– T'as vu sa nouvelle coupe de cheveux ? On dirait qu'elle est passée sous la tondeuse à gazon ! C'est horrible ! Il faut vraiment avoir besoin d'attention pour faire une chose pareille…

– Tu te trompes, elle n'a pas fait ça pour se faire remarquer. Florence se fiche de ce que pensent les autres. Et puis chacun est libre de s'habiller et de se coiffer comme il veut.

– Toi, on sait bien ! Ta grande copine, tout ce qu'elle dit ou fait, c'est toujours cool ! Tu ne la vois pas comme elle est, ta Florence.

– Et selon toi, elle est comment, ma grande copine ? demande Andy, un peu inquiet de la réponse de Chloé.

1 **une corne** Horn – 6 **croustillant** *ici :* excitant – 9 **Blanche-Neige** Schneewittchen – 11 **fanfaronner** angeben – 16 **gémir** *ici :* se plaindre – 20 **une tondeuse à gazon** Rasenmäher

– Je ne sais pas, mais il y a quelque chose qui cloche. La preuve, à part toi, il n'y a pas grand monde qui s'intéresse à elle. Madame est toujours dans son coin, à se prendre pour une intello avec ses livres, sa vieille musique et ses vieux films. On dirait qu'elle prend tout le monde de haut !

Ses dernières paroles piquent Andy à vif. Il ne peut pas laisser dire des choses pareilles.

– Moi, je ne l'ai jamais trouvée si bizarre que ça. Ce n'est pas parce qu'elle s'habille dans les friperies, qu'elle s'intéresse à plein de choses et qu'elle est un peu solitaire que c'est une folle ou une prétentieuse. Au contraire ! Moi je pense qu'elle est plus intelligente que bien du monde.

– Tu vois ? Tu prends toujours sa défense ! Pourquoi tu ne sors pas avec elle plutôt qu'avec moi alors, si elle est aussi cool et intelligente que tu le dis ? Et si je te demandais de choisir entre elle et moi, tu dirais quoi ?

Chloé semble fière de sa dernière réplique. Elle fixe Andy dans les yeux. Le regard d'un pitbull qui n'a pas mangé depuis deux jours.

– Quoi ? T'es jalouse de Florence ? C'est ça ?

Marjolaine choisit ce moment pour faire irruption dans la cuisine et fait comme si elle n'avait rien entendu.

– Ça va les amoureux ?

Chloé fait un léger signe affirmatif et annonce qu'elle doit s'en aller.

– Hé ! Attends ! Tu viens juste d'arriver. Tu ne vas quand même pas partir comme ça ? demande Andy, en la poursuivant jusqu'à la porte d'entrée.

– Demain, ne compte pas sur moi pour assister à ta répétition. J'ai autre chose à faire que de vous regarder vous défouler sur vos guitares. Et pour répondre à ta dernière

1 **qc cloche** *fam* qc n'est pas normal, qc est bizarre – 4 **un intello** *abrév de* intellectuel – 6 **piquer qn à vif** l'irriter fortement – 9 **une friperie** un magasin de vêtements d'occasion (de seconde main) – 21 **faire irruption** arriver tout à coup – 30 **une répétition** *pour une groupe :* Probe

question, je ne suis pas jalouse de Florence. Je n'aime pas cette fille et ça me déplaît qu'elle soit aussi souvent avec toi, c'est tout.

Elle tourne les talons et claque la porte derrière elle. Andy s'adosse au mur, excédé. Il n'a pas envie que son amitié avec Florence brise son histoire avec Chloé. D'un autre côté, Florence est la petite sœur qu'il n'a jamais eue et il est hors de question de moins la voir.

Marjolaine vient le retrouver et le regarde bien en face.

– Andy, fais attention. Les amours passent, mais les amitiés restent. Ne te trompe pas, murmure-t-elle.

5 **excédé** très énervé et très fatigué – 6 **briser** casser

Raphaëlle

1er juillet

Voilà plus d'un mois que je n'ai pas écrit dans mon journal… Il faut dire qu'entre la fin de l'année scolaire, les répétitions du groupe et l'arrivée de Raphaëlle, ma vie a été plutôt bien remplie. Depuis quelque temps, tout s'est accéléré. Tout change, tout bouge, se bouscule en moi et autour de moi. J'ai toujours envie de dormir, mais quand je m'allonge, mon cerveau carbure à 100 km / h et je n'arrive pas à trouver le sommeil. Je me demande si le calme reviendra un jour. Autant de mouvement perturbe la rêveuse que je suis… Des problèmes concrets me sautent dessus et je n'ai pas d'autre choix que de faire face à la réalité. Une métamorphose s'est enclenchée et il est impossible de faire machine arrière. On dirait que je suis en train de me mettre au monde. Pas évident tous les jours d'accoucher de soi-même…

Une des rares bonnes nouvelles du mois, c'est qu'Andy a trouvé un batteur pour le groupe ! C'est le grand frère d'un gars de sa classe. Il est un peu plus vieux que nous, mais on s'entend super bien. Il étudie en arts plastiques au cégep du Vieux-Montréal. La semaine dernière, il m'a offert une toile qu'il a faite. Elle est tellement grande qu'elle couvre tout un mur de ma chambre. C'est de l'art abstrait. Comme je fais de l'insomnie, je passe des heures à la regarder de mon lit. C'est comme si je partais en voyage au travers des couleurs. Mes parents n'aiment pas trop, mais ils aiment bien Carl, donc

8 **carburer** *ici : fam* aller, fonctionner – 10 **perturber** déranger – 12 **s'enclencher** *ici :* commencer – 13 **il est impossible de faire machine arrière** es gibt kein Zurück – 15 **accoucher** *ici : fig* entbinden – 17 **un batteur** un joueur de percussion – 19 **le cégep** *québ abrév de* collège d'enseignement général et professionnel, formation de deux ans après le secondaire et avant l'université (entre 17 et 19 ans) – 20 **une toile** *ici :* une peinture – 22 **faire de l'insomnie** *f* souffrir de troubles du sommeil

ils n'ont rien dit. C'est d'ailleurs un peu surprenant de leur part d'aimer Carl. Il a un look un peu spécial et il se maquille les yeux. Il faut dire que depuis quelque temps, mes parents ont changé d'attitude à mon égard. On dirait qu'ils ont enfin compris que j'avais grandi, que je n'étais plus une petite fille. Je pense aussi que ma mère se sent coupable de m'avoir giflée, il y a quelques semaines. Elle a l'air de s'intéresser à ce que je fais soudainement. Parfois c'est agaçant, mais il y a aussi des jours où c'est plutôt agréable d'avoir une mère qui montre de l'intérêt pour ce que je fais. Je me demande si mes parents voulaient vraiment des enfants. J'ai souvent l'impression que mon frère et moi on est des boulets pour eux. Peut-être qu'on leur gâche autant la vie qu'ils gâchent la nôtre ?

Quant à Andy, il a eu la basse que lui avait promise Marjolaine et il serait le gars le plus heureux sur Terre si Chloé ne l'avait pas quitté pour un autre. Il ne m'en parle pas trop parce qu'il sait que je n'aime pas Chloé, mais il souffre et ça me fait bizarre de le voir comme ça. J'ai l'impression de me revoir quand Raphaëlle a coupé les ponts avec moi. Dans mon cas, était-ce une peine d'amour ou une peine d'amitié ? Je me pose de plus en plus de questions sur mes sentiments pour Raph. D'autant plus que depuis quelques jours, elle là, tout près. Chaque fois que je dois sortir de la maison, je marche super vite en regardant le bout de mes pieds de peur de la croiser. Je n'ai toujours pas trouvé le courage de la revoir. Je sais que cette rencontre est inévitable. Nous allons nous revoir et il faudra parler. Qu'arriverais-je à lui dire ? Et elle, que me racontera-t-elle ? J'y pense sans arrêt, Raphaëlle est toujours là, quelque part dans ma tête. L'autre nuit, j'ai rêvé d'elle. Elle

4 **à mon égard** envers moi – 12 **un boulet** *fam* Last – 13 **gâcher** *ici :* verderben – 19 **couper les ponts avec qn** *expr fig* ne plus vouloir avoir de relations avec qn – 2 **l'estomac** [ɛstɔma] Magen

était assise sur mon lit et me demandait pardon. Quand je me suis réveillée, j'avais l'estomac noué et j'ai cru que j'allais vomir. Il faut que je réussisse à aller sonner à sa porte. Je dois en finir avec cette histoire. Je n'en peux plus d'être angoissée en permanence. Demain, je dois le faire. Qu'il pleuve, qu'il vente ou qu'il neige, je me rendrai jusqu'à elle. Raphaëlle.

Florence inspire un grand coup et pose son doigt sur la sonnette. Jamais elle ne s'est sentie aussi seule qu'en ce moment, face à cette porte close, dos à un soleil de plomb. Vingt-deux longues secondes s'écoulent avant qu'on vienne ouvrir et qu'un visage connu fasse son apparition. Raphaëlle. Plus grande, plus mince, le visage un peu moins enfantin qu'avant. Raphaëlle est là, agrippée à la porte comme à une bouée de sauvetage, incapable de décrocher les yeux du visage de Florence. Deux cœurs battent à tout rompre. Deux gorges se serrent. Deux estomacs se nouent. Une bouche se décide à parler.

– Je savais bien que tu allais finir par passer… Entre.

Florence se demande si elle ne doit pas s'enfuir en courant s'enfermer dans sa chambre. Une douleur s'installe dans sa poitrine. Elle suit Raphaëlle, observe sa nuque, ses cheveux blonds, plus courts qu'avant. Elle s'assoit dans un fauteuil sans desserrer les lèvres, incapable de débiter le discours qu'elle a répété un nombre incalculable de fois depuis des semaines. Raphaëlle se montre plus courageuse et rompt une fois de plus le silence. Elle ne se perd pas dans les banalités et va droit au but.

– Tu dois être en colère contre moi. Tu dois m'en vouloir à mort et tu as entièrement raison de me détester. Je te dois des

2 **noué** *ici :* verkrampft – 3 **vomir** erbrechen – 7 **inspirer un grand coup** respirer profondément – 9 **un soleil de plomb** *m* drückende Hitze – 13 **agrippé à qc** an etw festgeklammert – 14 **une bouée de sauvetage** Rettungsring – 15 **battre à tout rompre** battre avec une grande intensité – 16 **se serrer** *ici :* wie zugeschnürt sein – 21 **la nuque** Nacken – 29 **devoir qc à qn** jdm etw schulden

explications et, crois-moi, ce n'est pas facile de me retrouver face à toi aujourd'hui. Si tu ne veux plus jamais me revoir après ce que je vais te dire, je pourrai comprendre...Tout est allé tellement vite ! Je me suis retrouvée à Londres, loin de toi. J'étais complètement perdue. Là-bas, j'ai rencontré une autre fille, Mary. Elle aussi venait d'arriver dans cette ville. Comme toi, elle était différente des autres. Comme toi, elle me faisait mourir de rire. Elle m'a tout de suite plu. Un soir, elle est venue à la maison et je ne pourrais pas t'expliquer comment les choses en sont arrivées là, mais elle m'a embrassée et je me suis laissé faire. Mary m'aimait. Et c'était réciproque. Moi aussi j'étais attirée par elle. Après ce baiser, il y en a eu plusieurs autres et là, c'est devenu très compliqué. Comment t'expliquer... C'était l'enfer et le bonheur en même temps. On n'osait pas en parler à personne. Nous nous enfermions dans ma chambre ou dans la sienne et passions nos soirées à nous embrasser et à nous caresser. C'est à ce moment que j'ai coupé les ponts avec toi. Je n'étais pas capable de t'avouer ce que je faisais avec Mary et je me sentais mal de te cacher cette partie de ma vie. J'avais honte, Florence...

La voix de Raphaëlle tremble en prononçant cette dernière phrase. Son visage est écarlate et ses yeux ne peuvent plus se détacher de ceux de Florence. La peur est partout en elle. Peur du jugement, peur de décevoir, de blesser, d'être rejetée. Florence s'est enfoncée dans le fauteuil. Elle a du mal à respirer. Son corps pèse une tonne. Il y a trop de choses à assimiler en même temps. Il faut qu'elle quitte cet appartement, qu'elle échappe aux yeux bleus suppliants de Raphaëlle. Ses doigts s'accrochent au cuir du fauteuil, elle se lève.

– Raph... Je ne peux pas... Je vais partir. Je ne peux vraiment pas...

11 **réciproque** gegenseitig, beiderseitig – 20 **avoir honte** sich schämen – 22 **écarlate** *ici :* très rouge – 25 **s'enfoncer** versinken – 26 **assimiler** *ici :* apprendre – 28 **échapper à qc/qn** s'enfuir devant qc/qn – 28 **suppliant** flehend – 29 **le cuir** Leder

Florence ne termine pas sa phrase et quitte l'appartement à toute vitesse, sans même prendre le temps de refermer la porte derrière elle. Elle court. Le plus vite qu'elle peut. Elle serre les poings et court devant des gens qui la regardent les yeux écarquillés. Des têtes se tournent sur son passage, des sourcils se froncent. On cherche derrière elle le méchant loup qui la fait courir si vite, si loin. Elle atterrit devant chez Andy sans s'en être rendu compte. Elle tambourine à coups de poing sur la porte, le visage inondé de larmes. Marjolaine ouvre, la prend dans ses bras et l'attire sur le canapé.

– Ma pauvre chérie… Qu'est-ce qui t'arrive ?

Andy est figé devant sa meilleure amie qu'il n'a jamais vue pleurer auparavant. Florence est toujours si forte. Il écoute avec attention son amie raconter ce qui vient de lui arriver, sans bouger, comme s'il avait peur que le plancher s'ouvre sous ses pieds. Il ressemble à une statue de sel. Soudain, tout devient clair. Florence est comme Raphaëlle. Cela ne fait aucun doute pour lui. Florence est…

– Andy, ne reste pas planté là, va chercher des kleenex et un grand verre d'eau, ordonne Marjolaine en comprenant ce qui lui passe par la tête.

Andy sort de sa torpeur et s'élance dans la salle de bain chercher les mouchoirs. « Comment ça se fait que je n'ai jamais compris ? » se demande-t-il, en revenant vers Florence. « Elle est gaie. C'est évident. Elle aime les filles. Florence préfère les filles aux garçons. »

5 **écarquillé** grand ouvert – 6 **un loup** Wolf – 8 **tambouriner** taper comme sur un *tambour* (Trommel) – 12 **figé** immobile, qui ne peut pas bouger – 15 **le plancher** le sol, le parquet – 19 **kleenex** ® une marque de *mouchoirs en papier* (Papiertaschentuch) – 22 **la torpeur** Erstarrung

4 juillet

On m'a déjà raconté l'histoire d'une personne dont les cheveux sont devenus tout blancs après un choc nerveux. En me réveillant ce matin, je me suis précipitée devant le miroir pour vérifier la couleur de ma crinière, heureusement encore bien brune. Parce que franchement, les mots qui sont sortis de la bouche de Raphaëlle auraient pu me tuer sur le coup ! Depuis trois jours, j'ai l'impression de ne plus être dans la réalité, mais dans un film de série B. De mauvaises scènes jouées dans des décors minables. Trop gros pour être vrai. Une histoire qui ne tient pas la route avec des acteurs, ou plutôt des actrices de bas étage. Raphaëlle a embrassé et caressé une fille et n'a pas été capable de me l'avouer. Raphaëlle aime les filles. Et la voilà de retour, à quinze minutes à pied de chez moi. Si je voulais être aussi pathétique que le mauvais film qui est en train de se tourner, je m'ouvrirais les veines en laissant une lettre à ceux qui m'aiment pour expliquer mon geste.

Ma tête ressemble à un gros bol de spaghettis au fromage tout collés ensemble.

Depuis trois jours, j'ai quitté Montréal et je me repose de tout ça à la campagne. Quand je suis arrivée en larmes chez Andy, Marjolaine a appelé mes parents pour leur demander la permission de m'amener passer quelques jours dans le chalet de sa sœur dans les Cantons de l'Est. Je pense que ma mère était trop contente de prendre des vacances de moi, parce qu'elle a accepté tout de suite. Me voici donc assise devant un

5 **une crinière** *ici : fam* Mähne – 9 **un film de série B** un film de mauvaise qualité – 10 **minable** nul – 11 **tenir la route** *ici :* être plausible

lac, à me débattre avec les dix mille maringouins qui veulent me bouffer tout cru et à jouer de la guitare avec Andy, qui ne semble toujours pas remis lui non plus de ce qui s'est passé. Parfois, je le surprends en train de me regarder d'un air bizarre. Il détourne la tête aussi vite et fait comme si de rien n'était, mais j'ai bien compris à quoi il pense. Il se dit que je suis moi aussi une... J'ai beau faire des efforts, je n'arrive pas à prononcer ni à écrire le mot exact... Je me sens ridicule d'avoir peur d'un mot, mais c'est comme ça.

Marjolaine est vraiment super avec moi. Elle m'a parlé d'une bonne amie à elle qui vit avec une femme depuis 10 ans. Deux femmes parfaitement normales, saines d'esprit et menant la même vie que Monsieur ou Madame tout le monde. Je crois qu'elle ne sait plus quoi me raconter pour me faire comprendre que l'homosexualité n'est pas une maladie et que cette différence n'a, au bout du compte, aucune importance. Je sais déjà tout ça. J'étais même la première à défendre les gais auparavant. Mais là, la différence me touche de près. De vraiment trop près. Si je n'avais jamais ressenti des choses bizarres pour Raphaëlle, je n'aurais pas réagi comme je l'ai fait, je ne me serais pas enfuie comme une voleuse en apprenant qu'elle avait couché avec une fille.

Ce qui me choque dans son histoire, c'est que j'ai déjà eu des pensées... Raphaëlle a fait avec une autre ce que nous aurions pu faire toutes les deux si elle n'était pas partie à Londres. Et là, quand j'y pense un peu trop longtemps, j'ai envie de disparaître, de me faire oublier à tout jamais. Si je le pouvais, je me glisserais sous le vieux tapis de Turquie qui

1 **un maringouin** *québ* un moustique – 2 **cru** *ici :* roh – 12 **sain d'esprit** ≠ fou – 18 **auparavant** autrefois

trône au milieu du salon de ce chalet qui sent l'humidité et le feu de cheminée. J'ai peur de Raphaëlle et j'ai peur de cette fille qui me regarde dans le miroir. Je ne me reconnais plus. Depuis les confidences de Raph, je suis devenue quelqu'un d'autre. C'est comme si toute ma vie j'avais porté un masque et que brusquement, on me l'arrachait. J'avais tellement l'habitude de ce double visage que j'ai du mal à supporter le vent et la lumière qui effleurent ma nouvelle peau. Je ne peux plus ignorer la petite voix qui depuis des années me susurre des choses sur moi-même. J'ai enfoui mon attirance pour Raphaëlle et pas une seule fois j'ai pensé qu'elle pouvait avoir les mêmes désirs que moi. Tout ça est vraiment douloureux. Mais que puis-je faire, à part regarder les choses en face ? C'est moi, mon histoire, mon destin. C'est ma vie qui s'écrit.

Marjolaine est partie au petit matin en laissant une note sur la table de la cuisine. « Je dois faire un aller-retour à Montréal, de retour ce soir tard, ne m'attendez pas pour souper, il y a tout ce qu'il faut dans le frigo. Signé : Marjolaine, qui vous adore ».

Andy lit le mot de sa mère et s'étire en poussant un grognement.

– Flo, Marjo est partie à Montréal pour la journée. On va pouvoir brancher les amplis et pousser le son à fond !

Florence prend la note sur la table et la lit à son tour.

– Super ! On va pouvoir travailler les morceaux qu'on a choisis à la dernière répétition. Tu crois que Carl pourrait venir nous rejoindre ? Il m'a dit que son père lui laissait sa voiture pour deux semaines.

Andy hausse les épaules.

– Sais pas. Je vais l'appeler.

2 **une cheminée** Kamin – 6 **arracher** enlever brutalement – 8 **effleurer** toucher très légèrement – 9 **susurrer** dire à voix basse – 10 **enfouir** *ici :* refuser de reconnaître – 17 **souper** *québ* dîner – 19 **s'étirer** sich strecken – 20 **pousser un grognement** seufzen – 22 **un ampli** *abrév de* **amplificateur** Verstärker

Florence ouvre le frigo et boit à même le litre de lait.

– C'est OK, il arrive, annonce Andy en raccrochant le téléphone. Je vais faire un saut dans le lac. Tu viens ?

Florence referme la porte du réfrigérateur d'un coup de hanche.

– Non. L'eau est trop froide. Je n'ai pas envie.

– Mais non, elle n'est pas froide ! Allez, ne fais pas ta poule mouillée. T'es plus courageuse que ça d'habitude !

Andy saisit Florence par les poignets et l'entraîne hors du chalet. Florence se débat pour échapper à son ami. Elle pousse des cris, le pince pour qu'il la libère.

– Arrête ! Je n'ai pas envie de me baigner ! Et puis je n'ai pas mon maillot !

Andy l'attrape et la soulève de terre. Florence s'accroche à son cou et hurle en battant des pieds.

– Pose-moi par terre, t'es con ! Arrête tes…

Florence n'a pas le temps de terminer sa phrase. Andy s'est approché du quai et l'a lancée dans le lac avant d'y plonger à son tour. Les deux lutteurs s'engagent dans un féroce combat. Florence tente de maintenir la tête d'Andy sous l'eau, mais n'y arrive pas. Ce dernier est plus fort et repousse toujours son adversaire.

– OK ! j'abandonne, annonce Florence, à bout de souffle, un sourire en coin. T'as gagné, tu es le plus fort…

Andy s'approche lentement d'elle et prend son visage au creux de ses mains. Il la regarde droit dans les yeux, s'avance encore et l'embrasse sur la bouche.

– Eh ! Ça ne va pas ? Qu'est-ce que tu fais ? Es-tu fou ?

Florence sort de l'eau. Elle est furieuse. Andy sort à son tour et court derrière elle.

– Attends ! Flo ! Excuse-moi !

1 **à même** *ici :* directement (sans prendre de verre) – 5 **une °hanche** ['ɑ̃ʃ] Hüfte – 7 **une poule mouillée** *fig* qn qui a peur – 9 **un poignet** Handgelenk – 11 **pincer** kneifen – 15 **°hurler** crier – 19 **un lutteur** qn qui se bat – 24 **un sourire en coin** *ici :* un demi-sourire, un signe d'amusement

Florence arrive avant lui au chalet et verrouille la porte. Andy lui crie de venir ouvrir, qu'il s'excuse et qu'il lui faut une serviette avant de mourir de froid. Après cinq bonnes minutes de supplications, Florence revient vers lui, une serviette dans une main et une autre pour cacher ses seins qui pointent sous son t-shirt trempé. Elle lui jette un regard glacial.

– Ne refais jamais ça. Tu m'entends ? Ja-mais ça, articule-t-elle entre les dents.

Andy baisse les yeux.

– Je te le jure. Je ne le referai plus, murmure-t-il, paniqué.

Elle lui balance la serviette en pleine figure et monte à l'étage s'enfermer dans une chambre. Andy se laisser tomber sur une chaise en grelottant. Il se sent nul et ridicule.

– Je suis le roi des cons ! gueule-t-il pour être sûr que Florence l'entende.

5 juillet

Voilà une heure que je suis enfermée dans cette chambre. Je suis en colère et j'ai envie de pleurer. J'en veux à Andy pour ce qu'il vient de faire. À un autre moment, j'en aurais peut-être ri, mais pas là, pas aujourd'hui. Il y a déjà assez de choses compliquées pour en ajouter une autre. Andy n'a jamais été attiré par moi. Je le sais, on en a déjà parlé plusieurs fois. Je le considère comme mon frère et lui comme sa sœur. Pourquoi faire ça ? Il faut croire que ça le perturbe lui aussi que je sois peut-être... Bref, j'attends que Carl arrive pour descendre. Je n'ai pas envie d'être seule avec Andy, je crois que je pourrais le mordre.

1 **verrouiller** fermer à clé – 4 **une supplication** *ici :* Flehen – 10 **jurer** *ici :* promettre – 11 **balancer qc** lancer qc – 11 **la figure** le visage – 13 **grelotter** trembler – 24 **perturber qn** le rendre confus

Je me demande comment va Raphaëlle. J'imagine que ce n'est pas la grande forme. Elle doit se poser dix mille questions elle aussi. Je suis incapable de lui parler et de la voir pour l'instant, mais je pense à elle tout le temps. Je pense à elle et à Mary, à leurs deux corps l'un contre l'autre et je sens le sang me monter à la tête. Même mes oreilles doivent devenir rouges... Pourquoi je ressens de la honte en imaginant deux filles ensemble ? Ces images m'attirent autant qu'elles me perturbent. J'ai hâte que tout ce brouillard se lève dans ma tête. Je n'en peux plus d'être dans la confusion, les doutes et la peur.

Carl vient d'arriver au chalet avec sa batterie. Florence sort enfin de sa chambre pour retrouver les deux musiciens au salon. Carl remarque immédiatement que l'atmosphère est tendue.

– Ouais… On ne peut pas dire que ça respire la bonne humeur dans cette maison !

– Tu te trompes. Je suis super de bonne humeur ! Tout va pour le mieux dans ma vie ! Mon ex-meilleure amie est lesbienne, je le suis peut-être moi aussi et Andy, pour sauver mon âme, m'a embrassée sur la bouche ! Tu vois, tout est parfaitement normal !

Le « mot ». Florence a lâché ce mot qui la hante depuis trois jours. Elle sort du chalet en trombe. Elle s'est emportée, a tout déballé d'un coup et le regrette amèrement. Elle ne se sent pas capable d'affronter le regard éberlué de Carl. Elle retourne au bord du lac et plonge tête première, tout habillée. Elle ouvre les yeux sous l'eau. L'air qui s'échappe de ses poumons forme de grosses bulles à la surface. « Je suis gaie, se dit-elle. Je suis

9 **avoir °hâte que** + *subj* vouloir que qc arrive vite – 15 **tendu** ≠ relax – 23 **°hanter qn** *pour un mot, une pensée :* être toujours dans la tête de qn qui n'arrive plus à penser à autre chose – 24 **en trombe** très vite – 24 **s'emporter** se mettre en colère – 25 **déballer** *ici : fam* raconter, avouer – 25 **amèrement** bitter – 26 **éberlué** très surpris – 28 **un poumon** Lunge – 29 **une bulle** Blase

gaie. » Ses poumons se vident d'un trait et elle remonte en vitesse pour respirer. « En fait, je n'en sais rien. Une seconde c'est oui, une seconde c'est non. Raphaëlle, il va falloir que tu m'aides. »

Je m'épuise moi-même, murmure-t-elle en retenant ses larmes.

Les deux garçons se précipitent dehors et la regardent reprendre son souffle, soulagés de la voir refaire surface. Carl gratte sa barbe de trois jours et se tourne vers Andy.

– C'est quoi, cette histoire de fou ?

– Viens. Je pense que Florence a besoin d'être un peu seule... Je vais tout t'expliquer, prononce Andy, la gorge serrée.

5 juillet en pleine nuit

Je ne sais plus où j'en suis... J'ai perdu le nord. Je ne sais plus si ce que je pense est réel ou pas. Je ne sais pas si je suis attirée par les filles ou les garçons... Je ne sais pas si j'aime Raphaëlle ou si je la déteste. Je ne sais plus non plus si j'en veux à Andy de m'avoir embrassée... C'est peut-être d'Andy que je suis amoureuse après tout ? Je ne sais plus où est la frontière entre l'amitié et l'amour. Et mes parents, comment vont-ils réagir à tout ça ? Ma mère n'a jamais trouvé ma relation avec Raphaëlle normale. Elle sera trop fière d'apprendre qu'elle avait raison ! Tu parles ! Si je suis réellement gaie, je ne sais pas si elle l'acceptera. Mon père, lui, je pense qu'il sera un peu sonné, mais il finira par comprendre. Je sais que ce n'est pas bien de dire ça, mais j'ai toujours été sa « petite préférée ». Quant à mon frère, il n'a jamais rien compris à ma vie. Il va se moquer de moi, comme d'habitude. Je me suis toujours

1 **d'un trait** d'un coup – 5 **épuiser qn** le fatiguer fortement – 9 **gratter** kratzen – 25 **sonné** *ici :* sous le choc

sentie différente des autres et je dois dire que cette idée me plaisait bien. Mais plus aujourd'hui. Pour une fois, j'aimerais bien être comme tout le monde. Je n'ai pas envie que les autres me regardent comme un animal de foire et me pointent du doigt.

Carl m'a dit que si j'étais comme Raphaëlle, il n'y avait aucun problème de son côté. Il m'a dit qu'il côtoyait pas mal d'homos au cégep et qu'il n'accordait aucune importance à l'orientation sexuelle des gens. Des personnes aiment les oranges et d'autres préfèrent les pommes. « Vive la diversité ! » a-t-il crié après un magnifique solo de batterie. J'aime de plus en plus ce gars-là. C'est fou comme il est ouvert d'esprit. Et pour ce qui est d'Andy... Il ne m'a pratiquement pas parlé du reste de la journée. Je crois qu'il ne sait plus trop quoi penser de moi et de notre relation. Ça me rend triste. Aujourd'hui, il m'énerve, c'est vrai. Mais je n'ai pas envie de le voir s'éloigner de moi. Jamais je n'ai eu autant besoin de lui que maintenant.

J'ai laissé la fenêtre ouverte pour entendre la chorale de grenouilles qui coassent en chœur. Grâce à leurs chants, je me sens un peu moins seule. J'ai peur d'éteindre la lumière et de me retrouver dans le noir le plus total. La nuit, Raphaëlle prend toute la place dans ma tête. Elle est partout, j'entends son nom, je vois son visage, son sourire. J'espère qu'elle pense autant à moi que je pense à elle. J'ai besoin de croire qu'il y a une issue possible pour nous deux. Amitié ou amour, je ne sais pas encore quelle forme prendra notre relation, mais j'espère de tout cœur que nous nous retrouverons.

4 **un animal de foire** un être bizarre – 7 **côtoyer des personnes** les avoir près de soi (→ à côté de) – 19 **une chorale** Chor – 20 **une grenouille** Frosch – 20 **coasser** quaken – 20 **en chœur** *ici :* ensemble

Andy est assis au bord du lac et lance des cailloux à la surface de l'eau. Il compte les ricochets. Marjolaine l'appelle. C'est l'heure de partir. En remontant vers le chalet, il aperçoit Florence, déjà assise sur la banquette arrière de la voiture, les bras croisés sur la poitrine et le visage dur. « Elle va m'en vouloir pour le reste de ses jours… » pense-t-il en soupirant.

– Qu'est-ce que vous avez tous les deux ? demande Marjolaine à voix basse. Il s'est passé quelque chose ? Tu lui as fait des remarques sur Raphaëlle ?

– Ben non ! Rien. Elle est de mauvaise humeur, c'est tout. Elle est souvent comme ça. Il faut pas lui parler et ça finit par passer.

– Bon… Si tu le dis.

Andy prend place à la droite de sa mère et se retourne vers Florence en attachant sa ceinture de sécurité. Elle le regarde droit dans les yeux, les bras toujours serrés contre sa poitrine. Ses lèvres semblent soudées. Rien à faire, elle ne parlera pas. Andy soupire et connecte son Ipod à la radio de la voiture. Quand Marjolaine démarre, Serge Gainsbourg et Brigitte Bardot chantent « Bonnie and Clyde ». Andy jette un œil dans le rétroviseur de droite et voit Florence qui se mordille la lèvre inférieure. Il a l'impression qu'elle se retient pour ne pas sourire. « Elle va finir par me pardonner. Elle a trop envie de faire de la musique avec moi », se dit-il, soulagé.

1 **un caillou** une petite pierre – 2 **un ricochet** Abprall – 5 **les bras croisés** *mpl* mit verschränkten Armen – 17 **soudé** *ici :* fermé très solidement, fixé – 21 **un rétroviseur** un petit miroir dans une voiture pour voir derrière – 21 **mordiller** → mordre p. 32

Nous

– Tu n'as pas tes clés ?

Les écouteurs sur les oreilles, Florence n'a pas entendu son père et reste immobile, le dos appuyé contre la rambarde des escaliers et le visage tendu vers le soleil. Ses yeux sont fermés et sa tête bat la mesure. Paul monte quelques marches et touche le genou de Florence. Elle sursaute et retire ses écouteurs.

– Tu écoutes ta musique trop fort avec ça. Tu vas devenir sourde avant l'âge.

– Papa… ne commence pas.

Paul soupire.

– J'ai oublié mes clés, dit-elle en bâillant et en s'étirant.

– Tu oublies tout en ce moment.

Florence suit son père à l'intérieur de la maison.

– C'est vrai, Florence. Tu es toujours dans la lune. Je sais que tu n'es pas obligée de nous raconter ta vie, mais ce n'est pas non plus interdit de le faire…

– Tiens ! Vous êtes déjà là tous les deux ? lance Sandra, en entrant et en s'assoyant sur le canapé pour enlever ses souliers.

Elle se masse les pieds en grimaçant.

– Ça va ? Grosse journée, mon amour ? Et toi ma puce ?

Florence lève les yeux au ciel. Elle a horreur que sa mère l'appelle « ma puce », un vulgaire insecte.

– En fait, si vous voulez savoir, ça ne va pas du tout ! balance-t-elle.

Sandra cesse de se masser les pieds et regarde Paul. Elle sent que ce qui va sortir de la bouche de sa fille risque de faire des dégâts.

– Raphaëlle est gaie. Elle aime les filles, si vous préférez. Elle a même couché avec une fille, si vous voulez encore plus de détails.

3 **une rambarde** *ici :* Geländer – 5 **battre la mesure** faire un mouvement qui donne / suit le rythme – 11 **bâiller** gähnen – 14 **être dans la lune** *expr fig* être très distrait, rêver – 19 **un soulier** *québ* une chaussure – 21 **ma puce** mein Schatz (**une puce** Floh) – 23 **vulgaire** *ici :* quelconque, banal – 28 **des dégâts** *mpl* Schaden

Florence reste debout face à ses parents, devenus livides. Paul porte la main à son estomac et fait la grimace. Florence les regarde à tour de rôle et se dit qu'il faut finir ce qu'elle a commencé.

– Et si vous voulez vraiment, mais vraiment tout savoir, il se peut, mais je n'en ai pas encore la certitude, que je sois comme elle.

Sandra lève la main, comme le ferait une écolière.

– Ho là ! Ne va pas trop vite, ma chérie…

– Je ne vais trop vite, maman ! Je te dis juste que je suis peut-être lesbienne. C'est pas super drôle à entendre, mais dites-vous que ça l'est encore moins pour moi de le dire.

– Florence, ce n'est pas parce que Raphaëlle aime les filles, ce qui ne m'étonne pas du tout en passant, vu comment elle était avec toi, que tu es nécessairement comme elle. Il se peut très bien…

– Maman ! Tu peux écouter ce que je dis pour une fois ?

– Sandra, Flo a raison. Laisse-la parler… intervient Paul, effondré sur le canapé.

Sa mère enfouit son visage dans ses mains et tente de se calmer. Après une dure journée de travail, les aveux de sa fille sont la goutte d'eau qui fait déborder le vase. Elle aimerait être ailleurs, sur une plage à Cuba ou dans un chalet au fin fond de la forêt. Plus de stress, plus de problèmes. Rien que du calme partout autour d'elle. Elle inspire profondément et regarde Florence, sa grande fille de 16 ans. Que faire ? Elle ne le sait pas.

– Maintenant que vous savez pourquoi je ne vais pas bien depuis quelques semaines, ce qui me ferait vraiment plaisir, c'est que vous gardiez ça pour vous deux. Je n'ai pas envie que Thomas et les grands-parents soient au courant. Pas tout de suite. C'est trop confus encore pour moi.

1 **livide** très blanc à cause d'une émotion forte – 6 **avoir la certitude de qc** être sûr et certain de qc – 19 **effondré** zusammengesackt – 21 **un aveu** → avouer – 22 **une goutte** Tropfen

Il est inutile d'ajouter quoi que ce soit. Ses parents sont en état de choc. Elle n'a plus qu'une envie, retourner chez Raphaëlle.

– Je suis désolée, mais là, il faut que je sorte. On en reparlera une autre fois, dit-elle en prenant la direction de la porte.

– Florence ! Flo ! Ne t'en va pas comme ça ! entend-elle derrière son dos.

Elle se sauve, avant que cet élan de courage ne la quitte. Elle marche d'un pas décidé jusqu'à l'appartement de Raph. Elle sonne et se retrouve devant celle qu'elle est bien décidée à ne plus fuir.

– Raph, excuse-moi pour l'autre jour… Maintenant je suis prête. Je veux tout savoir, tout entendre.

Raphaëlle soupire et l'entraîne jusqu'à la cuisine. Elle semble soulagée de la revoir.

– Tu veux boire quelque chose ?

– Non, merci, ça va. Je ne veux rien.

Florence ébouriffe ses cheveux. Raphaëlle sourit.

– C'est super ta coupe de cheveux !

– Tu trouves ? Tu es bien la seule qui trouve ça beau !

Raphaëlle s'assoit près d'elle.

– T'es certaine de vouloir connaître la suite ? demande-t-elle.

Florence serre les lèvres et hoche la tête. Raphaëlle reprend donc son récit là où elle l'avait interrompu quelques jours auparavant.

– Un jour est arrivé ce qui devait arriver : la mère de Mary nous a surprises en train de nous embrasser. Elle a téléphoné à mon père, qui a téléphoné à ma mère. Personne ne savait plus quoi faire de nous. Mon père m'a posé dix mille questions auxquelles je refusais de répondre. Ma mère a voulu me récupérer à Stockholm, accusant mon père d'être incapable de gérer la situation. Mary a juré à sa mère que c'était moi qui

18 **ébouriffer** zerzausen – 25 **un récit** une histoire – 33 **gérer** *ici :* in den Griff bekommen

l'avais entraînée dans cette histoire et qu'elle était certaine d'aimer les garçons. Elle a menti pour rassurer sa mère. Elle m'a trahie et j'étais furieuse. Je ne la croyais pas aussi lâche. Moi, j'ai avoué la vérité. J'ai dit que j'aimais Mary. J'étais prête à en assumer toutes les conséquences. J'aurais même pu fuguer avec elle pour éviter qu'on nous sépare. Mais elle n'a rien fait pour nous. Sa mère l'a changée d'école et lui a interdit tout contact avec moi. Elle a averti mon père que si elle me revoyait tourner autour de sa fille, elle ne répondait pas de ses actes... Mon père l'a traitée de vieille réactionnaire. Si tu savais comme ça m'a fait du bien que mon père prenne ma défense ! Je n'arrêtais pas de pleurer et lui, il était toujours là pour moi. Au début, il ne savait pas trop comment en parler avec moi, mais il m'a dit qu'il acceptait que je sois différente. Je l'ai supplié de rentrer à Montréal. J'étouffais là-bas. La chose s'était ébruitée à l'école. Tout le monde ricanait dans mon dos et me pointait du doigt. Mes oreilles ont entendu des choses horribles ! Je ne peux même pas te les répéter...

Raphaëlle s'est tue. Elle renverse la tête et fixe le plafond immaculé de la cuisine. Elle se sent vidée, délivrée d'un poids trop lourd pour ses épaules. Le temps semble s'être arrêté. Florence hésite, puis pose la main sur le bras de son amie.

– Raph...

Une voiture klaxonne dans la rue. Florence sursaute et retire sa main, comme si elle avait reçu une décharge électrique.

– Zut ! C'est mon père. Je vais devoir y aller, annonce Raphaëlle, nous partons à la campagne pour deux jours.

Elle se lève, déçue de devoir partir à un tel moment. Sans hésiter, elle prend la main de Florence.

3 **trahir** verraten – 3 **lâche** ≠ courageux – 5 **assumer** *ici :* accepter – 5 **fuguer** *fam pour un jeune :* s'enfuir et ne pas rentrer à la maison le soir – 9 **ne pas répondre de ses actes** *mpl expr* ne pas pouvoir contrôler son comportement, être capable d'avoir une réaction dure ou violente – 10 **traiter qn de qc** insulter qn en disant qu'il est qc – 14 **supplier** → une supplication p. 49 – 15 **s'ébruiter** devenir connu d'autres personnes (→ le bruit) – 16 **ricaner** se moquer – 19 **un plafond** Decke – 20 **immaculé** parfaitement propre – 20 **un poids** Gewicht, *ici :* Last, Problem – 24 **klaxonner** hupen – 25 **une décharge** *ici :* Schlag

– Florence, je suis toujours la même. Je veux dire, même si j'ai couché avec une fille, à l'intérieur, c'est toujours la même Raphaëlle qui est là…

– Je sais ! Ne t'en fais pas. Je sais tout ça.

Un nouveau coup de klaxon se fait entendre.

– Bon… il faut que j'y aille. On se revoit rapidement, OK ? Il faut vraiment qu'on se revoie !

Florence hoche la tête et accompagne Raphaëlle jusqu'à la voiture de son père. Un peu mal à l'aise, elle se penche vers la portière pour le saluer.

– Florence ! Wow ! Tu as changé ! s'exclame-t-il, content de revoir la meilleure amie de sa fille.

Florence devient rouge jusqu'aux oreilles et tente de sourire.

– Ben… Bonne route alors…

Florence s'éloigne de la voiture, les deux mains enfouies dans les poches kangourou de son pull.

– Merci ! J'espère que nous ramènerons des gros poissons ! Si c'est le cas, on t'invitera à les manger avec nous ! Ça me ferait plaisir de te revoir traîner chez nous, comme dans le bon vieux temps !

Florence se gratte le cuir chevelu. « Le bon vieux temps ». L'expression employée par Yves lui fait chavirer le cœur. Il y a toujours une faille, une fissure par laquelle le temps fout le camp avec le bonheur sous le bras. Le temps passe, les choses changent, les gens se perdent et parfois se retrouvent.

– Ben, ouais, pourquoi pas ? bafouille-t-elle.

Elle jette un coup d'œil vers Raphaëlle et la voit sourire. « Elle est toujours aussi belle », pense-t-elle, en devenant rouge comme une pivoine.

La voiture démarre. Florence est à la fois déçue et soulagée de voir partir son amie avant d'avoir pu lui parler de ce

17 **ramener qc** etw mitbringen – 21 **le cuir chevelu** → les cheveux – 22 **faire chavirer le cœur à qn** faire ressentir de fortes émotions à qn – 23 **une faille** Riss – 23 **une fissure** Spalte – 23 **foutre le camp** *fam* s'en aller – 26 **bafouiller** dire de façon peu claire – 29 **rouge comme une pivoine** rot wie eine Tomate (**une pivoine** Pfingstrose) – 30 **démarrer** partir

qu'elle ressent. Elle soupire et prend le chemin de la maison. Elle marche d'un air distrait, enfermée dans sa bulle. Elle est insensible à ce qui se passe autour d'elle. Elle pense à Raph, à son visage, à la douceur de sa main dans la sienne. « On dirait que je suis amoureuse », se dit-elle. Cette pensée la bouleverse et elle a du mal à retenir les larmes qui lui montent aux yeux.

En entrant chez elle, elle est heureuse de voir qu'il n'y a personne. Ses parents sont sortis. Elle monte dans sa chambre et ouvre son ordinateur. Dans sa boîte de courriels, il y a trois messages d'Andy. Sur le premier, apparaît une photo de lui, tenant une affichette sur laquelle est écrit : PARDONNE-MOI ! Dans le deuxième, encore une photo de lui : il est torse nu et a marqué sa poitrine au feutre noir d'un gros EXCUSE-MOI ! Puis finalement, dans le dernier, Andy n'a écrit qu'une petite phrase en lettres rouges : *Bonnie and Clyde ont besoin de toi.* Florence sourit et s'installe devant sa webcam. Elle tient un bout de papier sur lequel est inscrit : *OK. Bonnie revient.*

9 juillet

Je reviens d'une super pratique avec les gars ! Pour la première fois ce soir, nous avions vraiment l'impression d'être un groupe, un vrai ! Il y a longtemps que je n'avais pas joué aussi bien. On dirait que le fait d'avoir revu Raphaëlle a libéré quelque chose de positif en moi. Quelle journée ! J'ai pu parler à mes parents, j'ai vu Raph et j'ai fait la paix avec Andy ! Si on m'avait dit ce matin au réveil que j'arriverais à faire tout ça, je ne l'aurais pas cru. Je me sens soulagée. Bien des choses restent encore floues et compliquées, mais au moins j'ose aller de l'avant. Je me demande comment vont mes parents. Quand

9 **un courriel** un courrier électronique, un e-mail – 12 **torse nu** *m* mit nacktem Oberkörper – 13 **un feutre** *ici :* un stylo – 19 **une pratique** une répétition (p. 36) – 27 **flou** pas clair – 27 **oser faire** qc avoir le courage de faire qc

je suis rentrée, j'ai trouvé une note sur le frigo. Ils sont allés manger au restaurant. Ils devaient avoir bien des choses à se raconter, parce qu'il est minuit et ils ne sont toujours pas rentrés. Ce qui m'arrange plutôt… Je n'avais pas envie de reprendre la discussion. Je pense que j'ai gâché leur fin de semaine avec mon coming out… Mais c'est fou le bien que ça m'a fait de leur parler. Tout d'un coup, je me suis sentie plus forte. Tellement forte que j'ai pu courir jusque chez Raphaëlle ! Dommage que son père soit arrivé si tôt. Je pense que j'étais prête à tout lui raconter. En même temps, ce moment me fait tellement peur ! Une fois que j'aurai avoué à Raph que j'ai déjà eu envie de l'embrasser, je me demande ce qui va se passer. Je suis peut-être seulement une amie pour elle ? J'ai peur de faire une folle de moi. Pourtant, je connais Raphaëlle. Il serait étonnant qu'elle se moque de moi. Ce n'est pas son genre. J'ai hâte qu'elle revienne, et qu'une fois pour toutes, je puisse tirer ça au clair !

Tous les membres de la famille sont assis autour de la table. S'il n'y avait pas le bruit des baguettes qui grattent maladroitement le fond des assiettes, on pourrait entendre une mouche voler. Thomas se force pour avaler les sushis qu'a rapportés son père, mais est incapable de cacher son dégoût.

– T'as bientôt fini de faire le singe ? Si t'aimes pas ça, les sushis, t'as rien qu'à te faire cuire un œuf ! finit par éclater Florence. Je n'en peux plus de te voir grimacer !

– Ce n'est pas le poisson cru qui me soulève le cœur, c'est de manger en face de toi, maudite lesbienne !

– Thomas ! Retire immédiatement ce que tu viens de dire, hurle Paul, en tapant du poing sur la table.

4 **arranger qn** jdm gelegen kommen – 5 **la fin de semaine** *québ* le week-end – 19 **une baguette** *ici :* Stäbchen – 20 **maladroitement** *ici :* avec quelques difficultés – 21 **une mouche** Fliege – 22 **le dégoût** Ekel, Abneigung – 24 **éclater** platzen – 26 **soulever le cœur** den Magen umdrehen – 28 **retirer** *ici :* zurücknehmen

Thomas se lève si brusquement que sa chaise se renverse. Son visage est écarlate.

– Et pourquoi je n'aurais pas le droit de dire ce que je pense ? Vous croyez que c'est drôle pour moi d'avoir une sœur qui couche avec une fille ? Quand ça va se savoir à l'école, tout le monde va rire de moi. Je n'ai pas envie de passer pour une tapette moi aussi !

– Thomas, rassieds-toi tout de suite, ordonne Sandra.

– Comment ça se fait qu'il est au courant de ça, lui ? Je vous avais dit de ne pas en parler à personne, s'énerve Florence. Après, vous vous demandez pourquoi je ne vous raconte jamais rien !

Florence se lève et file s'enfermer dans sa chambre. Paul jette un regard furieux à son fils et va trouver sa fille. Thomas a remis sa chaise sur ses quatre pattes et s'est rassis à table. Il regarde les deux bouchées de poisson cru qui restent au fond de son assiette et aurait envie de les lancer contre le mur. Sandra s'approche de lui et cherche à enlacer ses épaules. Thomas bougonne et évite l'étreinte de sa mère.

– Chéri, il va falloir que tu sois un peu plus délicat avec ta sœur. Tu imagines comme c'est difficile et compliqué pour elle en ce moment ?

– Elle m'énerve. Elle gueule toujours après moi. Je la déteste autant qu'elle me déteste. Et je n'ai pas envie qu'en plus elle soit lesbienne. C'est tout ! Et puis, vous prenez toujours sa défense !

– Ça, ce n'est pas vrai…

– Oui c'est vrai ! beugle Thomas.

Sandra soupire et se masse les tempes. « Vivement qu'ils soient majeurs et qu'ils déguerpissent tous les deux de la maison », pense-t-elle, lasse de ces perpétuels conflits qui explosent sous son toit.

2 **écarlate** très rouge – 7 **une tapette** *péj* un homosexuel – 16 **une bouchée** Bissen – 18 **enlacer qn/qc** mettre ses bras autour de qn/qc – 19 **bougonner** parler de façon pas claire – 19 **une étreinte** Umarmung – 28 **beugler** *ici : fam* crier – 29 **la tempe** Schläfe – 29 **vivement que…** *+ subj* Ich kann es nicht mehr abwarten, dass… – 30 **être majeur** avoir plus de 18 ans – 30 **déguerpir** partir – 31 **las** fatigué

10 juillet

Mon frère me tue. Pourquoi il a fallu que j'hérite du frère le plus crétin de la Terre ? Si je pouvais, je lui ferais boire de l'eau de vaisselle et manger des vers de terre par le nez. Après ce qu'il a dit ce soir à mon sujet, j'ai décidé de ne plus jamais lui adresser la parole. À la guerre comme à la guerre ! Mes parents auront beau me supplier, je ne plierai pas. J'en ai ras le bol de lui. J'ai déjà assez de mes problèmes sans que mon frère vienne en rajouter une couche. Je ne suis pas encore sûre à cent pour cent d'être gaie, mais j'ai presque envie de l'être juste pour l'énerver...

Après la crise de mon frère, mon père est venu me voir. Depuis le retour de Raphaëlle, il est plus cool avec moi. Il n'arrête pas de me proposer de faire des choses avec lui. Aller au cinéma, au resto, à la piscine... Je vois bien qu'il cherche par tous les moyens à se rapprocher de moi et si j'avais la tête un peu moins dans la brume, j'aimerais ça aussi me rapprocher de lui. Quand j'étais petite, on était très complices lui et moi. Hier, quand il était avec moi dans ma chambre, il m'a demandé si j'avais revu Raphaëlle. Je lui ai dit que oui et, là, un énorme soupir est sorti de son corps. On aurait dit un ballon de plage qui se dégonfle. Je pense qu'il a vraiment peur qu'il se passe quelque chose de concret avec Raphaëlle. Je ne me sentais pas super à l'aise, moi non plus. Il m'a demandé d'excuser mon frère. Il m'a dit qu'il faudrait peut-être un peu de temps à tout le monde dans la famille pour se faire à ma nouvelle

3 **crétin** *fam* stupide – 4 **un ver de terre** Regenwurm – 6 **à la guerre comme à la guerre** *expr fig* il faut s'habituer à la situation même si elle est pénible – 7 **plier** *ici :* capituler – 7 **en avoir ras le bol (de qn/qc)** en avoir assez – 17 **avoir la tête dans la brume** *fig* ≠ avoir la tête claire – 22 **se dégonfler** laisser sortir l'air qui était à l'intérieur

vie. « Nouvelle vie » ! L'expression me fait rire ! Moi j'ai plutôt l'impression de commencer ma vie. Pas une nouvelle, juste la mienne, celle qui m'appartient et que personne ne peut vivre à ma place. Je ne sais pas pourquoi, mais on dirait qu'Andy, Carl, mes parents, mon frère, ils sont tous persuadés que je suis homo avant que j'en aie moi-même la certitude. J'ai peut-être une étiquette avec écrit dessus 100 % gaie dans le dos ? Chose certaine, j'aimerais bien qu'on me fournisse le manuel d'instruction qui va avec ma situation. Je me sentirais un peu moins perdue. Ma mère m'a dit qu'elle s'en doutait depuis longtemps pour Raphaëlle. Moi, jamais je n'aurais osé imaginer que Raph avait des pensées aussi bizarres que les miennes. Je croyais être seule. Nous étions deux.

La nuit dernière, comme je n'arrivais pas à dormir, j'ai surfé sur le Net. J'ai trouvé des sites qui traitent d'homosexualité et j'ai lu des choses pas très rigolotes. Par exemple, aux États-Unis, 4 étudiants homosexuels sur 5 disent avoir été agressés verbalement en raison de leur orientation sexuelle, et 9 sur 10 disent entendre régulièrement des remarques homophobes. Il paraît que les jeunes gais font plus de dépressions et de tentatives de suicide... Après deux heures de lectures aussi gaies (excusez le mauvais jeu de mots...), je me suis jetée à plat ventre sur mon lit, j'ai attrapé mon oreiller et j'ai pleuré toutes les larmes de mon corps. Je pleurais parce que j'ai compris ce qu'avait dû subir Raphaëlle à Londres. Les remarques horribles, les insultes, le rejet... Pauvre Raphaëlle, ma Raphaëlle... Et l'autre, la Mary, incapable de faire face et qui l'a lâchement abandonnée ! Si je la croise un jour, je

5 **persuadé** sûr – 8 **fournir** donner – 8 **un manuel d'instruction** un guide – 10 **se douter de qc** etw ahnen – 16 **rigolo** drôle – 22 **gai** *ici :* joyeux – 25 **subir** supporter – 26 **le rejet** l'expulsion, l'exclusion

pourrais lui cracher au visage ! J'ai hâte de revoir Raphaëlle. J'ai hâte de lui parler de moi, de ce qui mijote en moi. Il faut que j'arrive à lui dire ce que je ressens et que je pense sans cesse à elle. Il faut que j'aie le courage de lui avouer qu'elle n'est pas seule, que je suis là, moi, son amie de toujours, son reflet dans le miroir. Je ne suis pas comme Mary. Je ne suis pas le genre à me dégonfler à la première difficulté. Aïe... Me voilà qui parle comme une fille amoureuse... Ce soir, je me sens gaie. Demain matin, est-ce que cette impression sera toujours là, au creux de mon ventre ?

– Florence ! J'espère que tu ne viens pas pour le poisson, la pêche a été désastreuse ! Deux petites truites de rien du tout. À peine de quoi nourrir un chat ! Entre, ne reste pas plantée là. Raphaëlle ! Tu peux descendre ? Il y a Florence qui est là pour toi ! s'écrie Yves.

Florence lève les yeux et aperçoit Raphaëlle en haut des escaliers, qui lui fait signe de monter. Florence voudrait sourire, mais ses lèvres refusent d'obtempérer. Son cœur s'agite dans tous les sens, comme un oiseau qui voudrait sortir de sa cage. Elle suit Raphaëlle jusqu'à sa chambre. Il n'est plus possible de faire demi-tour. Elle est seule face à Raphaëlle. Il faut tout lui avouer. En entrant dans la chambre, elle remarque le poster de John Lennon et Yoko Ono derrière la porte et celui du groupe Evanescence au-dessus de la table de travail. Avant son départ à Londres, elles écoutaient en boucle l'album Fallen. Raphaëlle est toujours fan d'Amy Lee. Elle voit aussi la nouvelle guitare de Raphaëlle, une superbe Gibson Les Paul. Sur son lit sont étalées diverses partitions. La musique fait encore partie de la vie de Raphaëlle, et Florence s'en réjouit. Les mois ont passé, mais elles semblent être encore sur la même longueur d'onde.

1 **cracher** spucken – 2 **mijoter** *ici :* se préparer – 7 **se dégonfler** *ici :* perdre courage – 12 **une truite** Forelle – 18 **obtempérer** obéir – 28 **étaler** ausbreiten – 29 **se réjouir** être heureux

– Avec Andy, mon meilleur copain, on est en train de monter un groupe. Tu sais, j'ai fait des gros progrès à la guitare.

Raphaëlle sourit et s'assoit en tailleur sur son lit. Florence hésite un court instant et la rejoint.

– Wow ! C'est super ! Tu me le présenteras, Andy ? C'est toujours cool de rencontrer des gens qui font de la musique.

– Bien sûr ! Tu vas voir, c'est un super musicien. Et il est génial !

– Alors tu le trouves toujours aussi adorable ? Il est toujours juste un copain pour toi ? demande Raphaëlle d'une voix un peu tendue. Tu n'arrêtais pas de m'en parler quand je suis arrivée à Londres. J'étais persuadée que vous alliez finir ensemble.

Florence se laisse tomber à la renverse sur le lit. Elle sourit.

– Non. Il ne s'est jamais rien passé entre nous. Il ne m'attire pas. En fait, si tu veux tout savoir, je crois que les garçons ne m'attirent pas. Jusqu'à ce que tu me racontes ce qui s'est passé à Londres, je croyais que c'était un problème. Maintenant je comprends que c'est un ÉNORME problème.

Florence fixe le plafond et n'ose pas regarder Raphaëlle, qui s'allonge à ses côtés. Elle sent la chaleur de son corps et la présence de sa main, à quelques millimètres de la sienne, à plat sur la couette. Elle ferme les yeux et étire lentement son auriculaire jusqu'à toucher celui de son amie. Elle caresse le bout de son ongle et remonte le long de son doigt. Raphaëlle déplace alors sa main et la pose sur celle de Florence. Des écureuils se disputent en lançant des cris stridents dans la ruelle. Ils se taisent subitement quand des enfants passent en bicyclette en chantant à tue-tête : « Au clair de la lune, j'ai pété dans l'eau. » Raphaëlle se met à rire.

3 **en tailleur** im Schneidersitz – 14 **à la renverse** en arrière – 24 **l'auriculaire** *m* le plus petit doigt de la main – 25 **l'ongle** *m* Nagel – 27 **un écureuil** Eichhörnchen – 27 **strident** schrill – 28 **une ruelle** une petite rue – 28 **subitement** soudain – 29 **à tue-tête** aus voller Kehle – 29 **Au clair de la lune** *chanson enfantine ; paroles originales de la première strophe : « Au clair de la lune, mon ami Pierrot Prête-moi ta plume, pour écrire un mot. Ma chandelle est morte, je n'ai plus de feu. Ouvre-moi ta porte, pour l'amour de Dieu. »* – 29 **péter** *fam* furzen

– Tu te souviens quand nous avions huit ou neuf ans ? Nous aussi on s'amusait à changer les paroles des chansons.

Florence sourit. Elle s'en souvient comme si c'était hier.

– On disait n'importe quoi et on se trouvait tellement drôles ! Le mieux, c'était quand on chantait en anglais sans savoir ce qu'on racontait ! Tes parents nous disaient d'aller chanter plus loin parce qu'on leur cassait les oreilles avec nos niaiseries !

Raphaëlle tourne la tête et Florence fait de même. Leurs yeux se rencontrent, se retrouvent. Les sourires s'évanouissent et la peur revient sur leurs visages. Il y aurait tant de choses à dire. « Par où commencer ? » se demande Florence en accueillant la paume de son amie sur sa joue.

– Raphaëlle, tu m'as tellement manqué. Si tu savais comme je t'en ai voulu de m'avoir laissée tomber ! Et tu sais quoi ? Je pense que je t'en veux aussi parce que ce n'est pas Mary qui aurait dû être ta première blonde…

Florence étire le cou et colle son front contre celui de Raphaëlle. Des tremblements s'emparent de son corps, comme si elle avait une vilaine fièvre. La peau de Raphaëlle. Son odeur, sa chaleur, sa douceur. Le souffle de Raphaëlle caresse ses lèvres, comme une brise d'été, un agréable vent venu du sud en plein hiver. La bouche de Raphaëlle est faite de soie, sa langue de velours. Un premier baiser vient de naître. Une grandiose première fois qui restera à jamais gravée dans leurs mémoires. Florence vient d'embrasser une fille et se dit que ce n'est pas si différent d'avec un garçon, à part la douceur de la peau.

Elle réalise alors que Raphaëlle ne l'a à vrai dire jamais quittée. Tout ce temps, elle était là, au plus profond de ses entrailles, cachée derrière des montagnes de questions et de déceptions. Florence a ravalé son amitié et son amour pour Raphaëlle pendant des mois. Elle a voulu croire que son amie

7 **une niaiserie** une bêtise – 9 **s'évanouir** *ici :* disparaître – 12 **la paume** l'intérieur de la main – 19 **vilain** *ici : québ* gros, important – 22 **la soie** Seide – 29 **les entrailles de qn** *fpl ici : fig* l'intérieur de qn, là où sont ses sentiments – 30 **ravaler** *fam ici :* verdrängen

avait glissé dans le monde de l'oubli, qu'elle avait disparu de sa chair. Elle sait maintenant qu'elle a continué de respirer après son départ seulement pour vivre ce moment unique. Être avec Raphaëlle, lui appartenir, tout lui donner. Il n'y a plus lieu de se voiler la face. Une histoire commence ou plutôt peut continuer.

– Raphaëlle, je crois que je t'aime depuis toujours.

Florence pose sa tête sur la poitrine de Raphaëlle. Le contact de sa joue contre ses seins la réconforte. Elle ferme les yeux et laisse les doigts de Raphaëlle s'emmêler dans sa chevelure.

– Si tu savais le nombre de fois que j'ai embrassé Mary en m'imaginant que c'était toi qui étais là, près de moi. Je croyais que j'étais stupide de rêver à ça. Je ne pensais pas que l'amour pouvait être possible avec toi, mon amie de toujours. Il me semblait impossible que tu éprouves les mêmes sentiments que moi. Je me sentais tellement à part, si différente des autres.

– Si tu veux faire quelque chose de gentil pour moi, Raphaëlle, ne prononce plus le nom de cette… de cette fille devant moi ! Si je le pouvais, j'irais tout de suite à Londres l'étriper de mes propres mains !

Raphaëlle se met à rire et repousse Florence pour mieux la regarder. Elle se cale à la même hauteur sur l'oreiller.

– T'en fais pas. Je n'aime plus Mary et je n'ai plus envie de penser à ça. Je suis là, tu es là et je crois que c'est le plus beau jour de ma vie !

2 **la chair** *ici :* le corps – 5 **se voiler la face** *expr fig* ne pas vouloir regarder les choses telles qu'elles sont, refuser d'accepter la réalité – 10 **s'emmêler** sich verwickeln – 21 **étriper qn** *fam fig* massacrer qn – 23 **se caler** se mettre dans une position stable

26 juillet

Voilà deux semaines que Raphaëlle et moi sommes ensemble et je dois avouer que ce n'est pas tous les jours facile à assumer... La première fois que nous nous sommes embrassées, quand je suis sortie de chez elle, j'avais l'impression que ça se voyait sur mon visage et j'étais super mal à l'aise. J'ai couru jusqu'à la maison et j'ai passé une nuit blanche à penser à ce qui venait de se produire. Dès que je fermais les yeux, je revivais ce premier baiser et j'avais l'impression que Raphaëlle était là, tout près de moi dans mon lit.

Comme je n'arrivais pas à dormir et que j'avais soif, je me suis levée au milieu de la nuit et j'ai croisé mon père, assis dans la cuisine devant une tartine de beurre d'arachide. Il a eu l'air content de me voir arriver. Il faut dire que manger tout seul dans le noir à trois heures du matin, ce n'est pas follement amusant. Et puis moi aussi j'étais contente de me retrouver seule avec lui. Depuis le clash avec mon frère, il y a beaucoup de tension à la maison et j'ai l'impression que tout le monde cherche à s'éviter. J'ai pris le litre de jus d'orange qui traînait dans le frigo et je me suis assise face à lui. Il m'a souri et m'a dit que j'avais hérité de son horloge biologique. Comme lui, j'aime trop la nuit pour la passer à dormir. On a parlé un peu de musique. Il est super fier de moi parce que je me défends bien à la guitare. Je pense que je réalise un de ses vieux rêves. Mon père aurait aimé jouer d'un instrument, mais il n'avait pas du tout l'oreille musicale. Il faut croire que je tiens ce don de ma mère... Ensuite, il m'a demandé

7 **une nuit blanche** une nuit sans dormir – 13 **une arachide** Erdnuss – 21 **hériter** *ici :* recevoir (une qualité) de son père ou de sa mère – 21 **une horloge** Uhr – 27 **un don** un talent

comment j'allais et tout de suite, je lui ai dit que je sortais avec Raph. Heureusement qu'il faisait noir, parce que j'ai dû rougir jusqu'aux oreilles en lui avouant. Un moment, j'ai cru qu'il allait s'étouffer avec son beurre d'arachide, mais non, il a avalé sa bouchée et m'a simplement dit : « OK. C'est ton choix. » J'ai aussitôt répliqué que je ne croyais pas que j'avais « choisi » d'aimer Raphaëlle, mais que c'était plutôt une évidence, quelque chose de plus fort que moi. Il m'a regardée droit dans les yeux, les sourcils froncés et a mis plusieurs minutes avant d'ajouter qu'il ne savait pas si on choisit d'être gai ou si on naît comme ça, mais que ce n'est pas le chemin le plus facile et que quoi qu'il arrive, il serait là pour moi.

Il s'est levé et en passant derrière moi, il a mis ses mains sur mes épaules et m'a embrassée sur la tête. Ensuite il est monté se coucher. Je suis restée un moment seule dans la cuisine à digérer ce qui venait de se passer. Je crois que jamais je n'ai été aussi fière d'être la fille de mon père.

Le lendemain, j'ai vite compris que mon père avait parlé à ma mère. Vu l'état de ses yeux, je crois qu'elle a dû beaucoup pleurer et pas beaucoup dormir. Pauvre maman… Raphaëlle dit qu'il faut lui laisser le temps d'accepter la chose. Mon Dieu… J'ai comme l'impression que « la chose » en question n'a pas fini de m'en faire voir de toutes les couleurs… Mes grands-parents n'ont pas encore été mis au courant et je ne sais pas s'ils verront ça d'un très bon œil. Quant à mon crétin de frère, il a peur de se laver dans la même baignoire que moi par peur d'attraper ma « maladie ». Je tiens bon, je ne lui ai toujours pas adressé la parole depuis qu'il m'a traitée

16 **digérer** *fig* verdauen – 23 **en faire voir de toutes les couleurs à qn** jdm schwer zu schaffen machen

de maudite lesbienne ! Il n'y a que mon père qui semble bien vivre « la chose ». Du moins, en apparence. Dans le fond, je pense qu'il stresse à mort à cause de moi. Son ulcère d'estomac est là pour en témoigner. Et quand je pense à l'école qui va bientôt recommencer, je me ronge les ongles jusqu'au sang. J'ai beau faire promettre à tous ceux qui le savent de ne rien dire, j'ai peur que la nouvelle s'ébruite et de vivre ce qu'a vécu Raph à Londres. Pourquoi ne serait-il pas possible de vivre notre relation au grand jour, comme le commun des mortels ? Quand Andy sortait avec Chloé, tout le monde les trouvait super mignons. Raphaëlle et moi, si nous nous embrassions à la sortie de l'école, je n'ose même pas imaginer ce qui se produirait.

Avec Raphaëlle, on n'arrête pas de chercher des sites ou des articles sur Internet. Si ça continue, nous allons devenir deux expertes de l'homosexualité ! Son père nous a offert la saison 1 de la télésérie américaine « L Word ». Nous avons regardé tous les épisodes en deux jours. C'est tellement rare de voir des filles s'embrasser dans des films ou à la télé ! Son père nous a dit qu'il allait nous acheter les autres saisons. On dirait que c'est plus fort que moi. J'ai envie de voir d'autres filles comme moi, comme nous. Peut-être que c'est pour me rassurer... J'aime bien Yves. Il est à l'aise avec nous. Je crois même qu'il est content que Raphaëlle sorte avec moi. Il me connaît bien et il sait que je ne suis pas une mauvaise fille.

Je n'en reviens pas de tout ce qui a changé dans ma vie en quelques mois. J'ai l'impression d'avoir vieilli de 10 ans

3 **un ulcère d'estomac** Magengeschwür – 4 **être là pour en témoigner** être là comme preuve – 5 **se ronger les ongles** *mpl* an den Nägeln kauen – 9 **le commun des mortels** *mpl* n'importe qui – 20 **une saison** (d'une série) Staffel – 26 **ne pas en revenir (de qc)** être très surpris (de qc)

d'un seul coup. Marjolaine m'a dit qu'être différent des autres faisait gagner en maturité. Je pense qu'elle a raison. Je ne veux pas paraître prétentieuse, mais je sens bien que j'ai une longueur d'avance sur les autres jeunes de mon âge. D'ailleurs, en dehors d'Andy et de Raphaëlle, je n'ai pas envie de perdre mon temps avec des 15-16 ans. J'ai tellement hâte d'en finir avec ma dernière année de secondaire et d'être au cégep !

Affalé sur le canapé, les pieds sur la table basse, Andy bâille toutes les cinq minutes. Il a fait la fête toute la nuit avec Carl. La tête de Florence repose sur sa cuisse. Elle regarde le vol chaotique d'une énorme mouche qui se heurte à tout ce qu'elle rencontre.

– T'as couché avec Chloé ? lui demande-t-elle, à brûle-pourpoint.

La respiration d'Andy se bloque. Il n'est pas sûr de vouloir répondre à la question.

– C'était comment ? continue Florence sans attendre de réponse.

Andy repousse la tête de Florence et se redresse.

– J'ai couché juste une fois avec elle et j'ai dû être vraiment nul parce qu'elle m'a laissé deux jours plus tard. C'était la première fois pour moi… J'étais super stressé…

– Pff ! Je pense plutôt que c'est elle la grosse nulle !

Florence donne un coup d'épaule complice à Andy.

— Et toi ? T'as couché avec…

– Non.

Florence ne laisse pas le temps à Andy de terminer sa question.

9 **affalé** zusammengesunken – 11 **une cuisse** Oberschenkel – 12 **se °heurter à qc/qn** gegen etw stoßen – 14 **à brûle-pourpoint** directement, sans avoir « amené » le sujet petit à petit

– Pas encore. Tu dois trouver que je ne suis pas très dégourdie ?

– Non. Je ne trouve pas ça. Chacun son rythme…

Andy est visiblement mal à l'aise. Il se lève et sautille sur place pour se réveiller. Il voudrait changer de sujet de conversation.

– Bon ! Tu viens à la piscine avec moi ?

Florence ignore sa dernière question.

– Andy, j'aime Raphaëlle. Je l'aime et j'ai super envie de coucher avec elle. Est-ce que tu trouves que je suis anormale à cause de ça ?

– Ben là ! Arrête avec ça ! On en a déjà parlé dix fois ensemble. Tu préfères les filles et puis c'est tout. Tu seras toujours la même Flo. Enfin pour moi, tu seras toujours la même…

Florence se lève à son tour et tire Andy par son t-shirt pour l'embrasser sur la joue.

– Chloé te méritait vraiment pas !

1er août

Je viens de passer la plus extraordinaire journée de toute ma vie ! Le 31 juillet restera gravé à tout jamais dans ma mémoire.

Yves nous a amenés à la pêche. Il a loué un chalet près d'un lac et a tenu à ce qu'Andy nous accompagne. Je crois qu'il avait envie d'avoir un gars à ses côtés. Au début, Andy ne semblait pas très à l'aise, mais il a finalement accepté de venir avec nous. Dans la voiture, il s'est assis en avant avec Yves et ils ont vite sympathisé tous les deux. En arrivant au

2 **dégourdi** *ici :* locker – 22 **louer** mieten – 23 **tenir à ce que** *+ subj* insister pour que

chalet, on a préparé le repas tous ensemble et c'était génial parce que tout le monde riait et faisait des blagues. Je me sentais sur une autre planète ou plutôt sur la bonne planète, celle qui me ressemble et dont je rêve depuis des années. Je ne me souvenais pas que le père de Raphaëlle était aussi drôle. Raphaëlle m'a dit qu'il avait beaucoup changé depuis son divorce, qu'il était plus disponible pour elle. Quelquefois sa mère lui manque, mais elle préfère vivre ici avec Yves et depuis que nous sommes ensemble, il est hors de question qu'elle parte à Stockholm. Nous nous sommes juré que plus personne n'arriverait à nous séparer. Une fois nous a suffi...

Après le souper, on a fait un feu de camp au bord du lac et on a chanté et joué de la guitare. Yves est rentré se coucher vers minuit, mais Andy, Raphaëlle et moi, nous sommes restés dehors très longtemps. Pendant ces quelques heures, on a dû refaire le monde au moins quatre fois ! Andy nous a raconté que Chloé disait à tout le monde qu'il était nul au lit. Cette petite garce va sûrement nous faire des misères si l'histoire de notre relation vient jusqu'à ses oreilles... Andy avait l'air content de parler avec Raphaëlle. Je pense qu'il l'apprécie vraiment et ça me fait trop plaisir. D'autant plus qu'on a décidé qu'elle serait la chanteuse de Bonnie and Clyde ! La première fois qu'elle est venue pratiquer avec nous et que je l'ai entendue chanter « Bring Me to Life » d'Evanescence, il ne restait plus qu'une petite flaque de Florence par terre à la fin de la chanson. J'étais tellement fière que cette fille soit ma blonde ! Carl et Andy se sont regardés, bouche bée. Ils n'en

7 **être disponible pour qn** avoir du temps pour qn – 16 **refaire le monde** *expr fig* parler de beaucoup de sujets de société, de façon abstraite, pendant longtemps, en y prenant plaisir – 18 **une garce** *fam* Miststück – 18 **faire des misères** *fpl* **à qn** créer des problèmes à qn, par méchanceté – 25 **une flaque** *ici : fig* Pfütze – 27 **bouche bée** tellement surpris qu'on reste sans réaction (qu'on en garde la bouche ouverte)

revenaient pas de la super voix de Raphaëlle. Nous quatre ensemble, on va tout faire exploser, c'est certain !

La nuit avançait, Andy a senti qu'il était de trop et il a filé au lit. Raphaëlle et moi avons éteint ce qui restait de feu et sommes montées dans une cabane derrière le chalet. Je crois qu'en temps normal, c'est une cache pour les chasseurs. Enfin, nous, les orignaux et les chevreuils étaient le dernier de nos soucis... Cette cabane était parfaite ! Juste assez grande pour nous deux. Pour la première fois, j'ai vu le corps de Raphaëlle entièrement nu. On a passé je ne sais pas combien de temps à se regarder et à se caresser. Au début, j'étais hypernerveuse, mais c'était tellement bon que je me suis vite détendue. Raphaëlle m'a dit qu'il fallait que j'aille à mon rythme, que je ne me sente pas obligée de rien. Finalement, les choses se sont faites sans que j'aie à réfléchir. Je suis tellement bien dans ses bras ! Je ne sais pas si je suis vraiment gaie, mais je suis certaine d'aimer Raphaëlle, c'est déjà un début. On a fini par s'endormir dans les bras l'une de l'autre. Ce sont les piqûres de moustiques qui nous ont réveillées. Nous étions tellement bien que nous n'avons pas remarqué que les maringouins aussi profitaient de toute cette belle peau dénudée. Inutile de dire qu'ils s'en sont donné à cœur joie !

Quand nous sommes retournées vers le chalet, Yves était déjà au bord du lac en train de donner un cours de pêche à Andy. Le pauvre ! Il n'avait pas l'air très réveillé... Mais il s'est rapidement laissé prendre au jeu et, après Yves, c'est lui qui a attrapé le plus de poissons. Faut dire que Raph et moi,

5 une cabane Hütte – **7 un orignal** *québ* Elch – **7 un chevreuil** Reh – **22 s'en donner à cœur joie** *expr* se faire plaisir en faisant qc

nous n'avions pas trop la tête à la pêche. Moi je n'arrivais pas à penser à autre chose qu'à la nuit qui venait de passer et j'en avais des frissons sur tout le corps. Je ne sais pas comment c'est avec un garçon, mais avec Raphaëlle, c'était au-delà de mes espérances. Trop envie de recommencer !

La voiture s'immobilise devant chez Andy.

– Voilà, jeune homme ! Je suis content de t'avoir amené avec nous ! Je me serais senti un peu seul sans toi.

Yves regarde les deux filles dans le rétroviseur et sourit.

– Ouais ! Ben si tu retournes à la pêche et que tu cherches un partenaire sérieux, je suis ton homme !

Yves serre fièrement la main d'Andy et fait ouvrir le coffre de la voiture. Andy sort prendre son sac et revient s'appuyer contre la portière.

– Bon ben, les filles, je vous dis à demain au local de pratique ?

– Yes ! s'exclame Raph.

Florence pose la tête sur l'épaule de sa copine et lui sourit.

– Donc, je te dépose chez toi, Florence ? Tu ne changes pas d'idée ? demande Yves.

– Oui. J'ai promis à mes parents de dormir à la maison ce soir.

Raphaëlle se penche vers Florence et l'embrasse rapidement sur la bouche.

– On se croirait dans Brokeback Mountain, murmure-t-elle. Nous revenons de la pêche sans le moindre petit poisson…

Les deux filles pouffent de rire.

3 **un frisson** un léger tremblement – 15 **un local** *ici :* une salle

2 août

Quand je suis rentrée, bronzée et tout heureuse, ma mère était assise devant l'ordinateur au salon. Mon père était sorti avec des copains et mon frère était déjà au lit. Je lui ai dit bonsoir et je m'apprêtais à monter rapidement dans ma chambre quand elle m'a demandé de m'approcher. Je n'en avais pas vraiment envie, mais je l'ai fait quand même. Je me suis assise près d'elle, et là, j'ai vu qu'elle pleurait. Je ne savais plus où me mettre tellement j'étais mal à l'aise... Elle a pris ma main dans la sienne et m'a fait lire un article sur Internet. L'article parlait d'un centre gai et lesbien de Tel-Aviv qui a été la cible d'une agression d'une extrême violence. Cagoulé et vêtu de noir, un tueur a surgi vers 23 heures samedi soir dans une salle de réunion et a ouvert le feu. Un jeune homme de 26 ans et une adolescente de 17 ans ont été tués sur le coup. Il y aurait eu une douzaine de blessés, dont cinq dans un état grave. Parmi les plus légèrement blessés, certains ont refusé de se rendre à l'hôpital, de peur d'être identifiés par leurs proches à qui ils cachent leur homosexualité. Le tueur a pris la fuite et demeure introuvable.

J'ai arrêté de lire et j'ai senti une grosse boule se former dans ma gorge. J'entendais ma mère renifler tout près de moi et je luttais pour ne pas me mettre à pleurer comme elle. Elle a fini par lâcher ma main et a caressé ma joue. Elle m'a dit que la jeune femme avait le même âge que moi. Qu'elle ne pouvait pas arrêter de penser à la mère de cette fille qui venait de mourir ! Que s'il devait m'arriver quelque chose, elle en

12 **une cible** *ici :* Ziel – 12 **cagoulé** qui porte une sorte de bonnet qui lui cache tout le visage – 13 **surgir** arriver tout à coup – 20 **demeurer** rester – 21 **avoir une boule dans la gorge** einen Kloß im Hals haben – 22 **renifler** *ici :* schniefen

deviendrait folle. Ces quelques paroles de ma mère ont filé droit dans mon cœur et pour la première fois depuis plusieurs années, j'ai eu envie de la serrer dans mes bras. Je l'ai donc fait. J'ai pris ma mère dans mes bras et nous avons braillé en chœur pendant quinze bonnes minutes.

Je n'arrêtais pas de penser à ce cinglé qui a volé la vie de cette fille dont le seul crime était d'être à cette réunion, dans un centre pour jeunes gais. Elle est morte parce qu'elle était homosexuelle. Ensuite, ma mère m'a dit qu'elle acceptait que je vive ma vie, mais qu'elle avait peur pour moi. Peur que je souffre à cause du regard des autres et qu'on me fasse du mal, physiquement et psychologiquement. Je l'ai embrassée sur la joue. Ça aussi, il y avait bien longtemps que je n'avais pas eu envie de le faire. Je réalise que j'ai quand même de la chance. Mes parents acceptent ma relation avec Raphaëlle. Ils ne sont pas super à l'aise, mais ils ne cherchent pas à me faire devenir hétéro.

Au fil des jours, je découvre à quel point ce n'est pas simple d'être ouvertement homo. Il y a encore plusieurs endroits dans le monde où l'homosexualité est un crime passible d'emprisonnement et même de mort. Ici, ce n'est pas illégal. Nous avons les mêmes droits que les autres citoyens. Mais il arrive trop souvent que des gais se fassent insulter et même se fassent battre en pleine rue, juste comme ça, pour le plaisir de tabasser des tapettes ! Il y a des gens qui détestent les personnes comme Raphaëlle et moi et qui nous croient dégénérés ou pervers. C'est révoltant et aussi, je dois bien

4 **brailler** *fam* pleurer – 6 **un cinglé** *fam* un fou – 20 **être passible de** *ici :* mit … belegt werden – 22 **un citoyen** qn qui habite un pays et y a des droits et devoirs – 25 **tabasser qn** *fam* battre qn, lui taper dessus

l'avouer, ça me fait peur. Je comprends que certains restent cachés toute leur vie au fond du placard. Ce n'est pas évident d'affronter le regard des autres et la haine qui peut surgir dans leurs yeux. Il va falloir que j'apprenne à être forte, très forte. Parce que mon nom est Florence Picard et je n'ai pas l'intention de me cacher et de souffrir toute ma vie parce que j'aime une autre fille. Je vais peut-être mettre un peu de temps avant de l'assumer complètement, mais je sais qu'un jour, j'arriverai à marcher dans la rue main dans la main avec Raphaëlle.

Les autres

Les membres du groupe Bonnie and Clyde ont décidé de passer le dernier week-end avant la fin des vacances à la campagne, chez la mère de Carl. Deux jours entiers, juste pour la musique ! Un nouveau membre a rejoint le groupe, Pedro, un ami de Carl. Il joue du clavier. Au fil des répétitions, l'harmonie s'est créée et le plaisir de jouer ensemble grandit. Pour l'instant, le groupe se concentre sur des reprises, mais Andy ne perd pas espoir et il est sûr qu'un jour, Bonnie and Clyde auront assez d'inspiration pour écrire leurs propres chansons.

– Je crois que j'ai trouvé ce que je veux faire dans la vie, affirme Andy. Je vais étudier pour devenir ingénieur du son.

– Pour ça, il va falloir que tu travailles un petit peu plus que l'année dernière, le taquine Florence.

– T'en fais pas. Tu vas voir, je serai le gars le plus sérieux de l'école cette année. J'ai décidé de ne plus perdre mon temps à regarder les filles.

– Tu ne vas tout de même pas virer tapette ? intervient Carl.

Andy s'approche du batteur et lui donne un solide coup de poing sur l'épaule.

– Es-tu malade ? Moi devenir fif !

Florence regarde Raphaëlle et soupire. Elle apprécie à moitié la blague de Carl et le lui fait sentir.

– Les filles, c'est juste une joke. Vous savez bien que je n'ai rien contre les homos.

Raphaëlle passe son bras autour de la taille de son amie et regarde Carl droit dans les yeux.

– Ça va, on sait bien que tu es le spécialiste des farces plates. On t'aime quand même, dit-elle.

– Ben dis donc, mon vieux, va falloir réfléchir avant de parler dans ce groupe ! rigole Pedro. Les deux petites n'ont pas l'air commode !

7 **une reprise** *ici :* le fait de chanter une chanson écrite par un autre groupe – 13 **taquiner qn** se moquer gentiment de qn – 17 **virer** *ici : fam* devenir – 20 **fif** *québ fam* efféminé, qui se comporte comme une femme – 27 **une farce** *ici :* blague – 27 **plat** *ici : québ* mauvais – 31 **commode** *ici :* d'un caractère facile

– Bon et si on se remettait à jouer ? propose Andy.

Florence reprend sa guitare et sourit à Pedro.

– Vaudrait mieux avant que la conversation dégénère… murmure-t-elle.

24 août

Je suis exténuée. Nous avons passé la fin de semaine à faire de la musique et à déconner ! Je n'ai presque pas dormi et je n'irai pas au lit très tard… Raphaëlle voulait que je dorme chez elle, mais j'ai préféré rentrer chez mes parents. Tout va trop vite et j'ai besoin d'un peu de recul. Je n'ai pas osé dire quoi que ce soit à Raphaëlle, mais je doute beaucoup depuis quelques jours. Je trouve Pedro super attirant physiquement et ça me trouble. Je suis peut-être bisexuelle ? Ou peut-être que je suis « Raphaëllienne » au lieu de lesbienne ? J'aime Raphaëlle et je suis attirée par son corps, mais je ne sais pas si je pourrais faire l'amour avec une autre fille. J'aurais besoin de passer quelques jours sans Raphaëlle pour réfléchir, mais je n'ose pas lui en parler. Elle a l'air beaucoup plus sûre que moi de son orientation sexuelle et je crois qu'elle compte beaucoup sur moi pour affronter la rentrée scolaire. Je capote ! Si seulement on pouvait zapper cette dernière année avant le cégep ! Mon frère Thomas n'arrête pas de me dire qu'il fera tout pour ne pas nous croiser à l'école. Je crois qu'il capote encore plus que nous et je me demande bien pourquoi. Ils ne vont tout de même pas lui casser la gueule parce qu'il a une sœur homo ? Quoique… Les gens sont parfois tellement stupides…

6 **exténué** très fatigué – 7 **déconner** s'amuser – 10 **le recul** *ici :* la distance – 20 **capoter** *québ fam* devenir fou – 21 **zapper** *ici* : faire disparaître, éliminer – 26 **quoique** obwohl

Tout à l'heure, j'ai passé au moins une heure devant le miroir à me regarder. J'essayais de voir s'il y a quelque chose sur mon visage ou sur mon corps qui laisserait paraître que je couche avec Raphaëlle. Je me sens différente à l'intérieur et on dirait que j'ai peur que ça transpire à l'extérieur. C'est bête, mais c'est comme ça. Je crois que je devrais dormir avant que tout se complique encore plus dans ma tête.

Florence tente d'apprendre un nouveau morceau à la guitare. Soudain, un signal sonore lui annonce que quelqu'un vient de se connecter sur Messenger. C'est sûrement Raphaëlle.

« Tu ne t'es pas branchée hier, en rentrant ? » écrit Raphaëlle.

« J'étais super fatiguée. Je me suis endormie tôt », répond Florence.

« T'es sûre que ça va ? Tu faisais une drôle de tête dans la voiture. »

Florence enlève ses mains du clavier. Elle fixe la dernière phrase de Raphaëlle sur l'écran et ne se décide pas à répondre.

« Hé ! Tu es toujours là ? »

« J'ai peur, Raphaëlle. Je ne sais plus où j'en suis », tape Florence, les yeux pleins d'eau.

« Bouge pas, j'arrive », répond rapidement Raphaëlle.

Florence rabat le couvercle de son ordinateur portable et se jette sur son lit. Elle repense à son enfance, à son amitié avec Raphaëlle depuis l'âge de huit ans. Elle prend son journal.

22 **rabattre qc** refermer qc

25 août

Avant, Raphaëlle était ma meilleure amie, je ne me posais aucune question. Tout était simple, limpide. Depuis quand mes sentiments pour elle ont-ils changé ? Je me souviens d'une nuit, peu de temps avant que Raphaëlle ne parte pour Londres. Nous avions dormi ensemble et Raphaëlle avait posé sa tête sur mes seins. Un frisson avait traversé mon corps. Le même frisson qui me traverse aujourd'hui chaque fois que la peau de Raphaëlle frôle la mienne. Le désir était déjà là. Bien avant que je n'ose me l'avouer, j'étais attirée par mon amie. Je rêvais d'être un garçon plutôt que de penser à l'amour entre deux filles. Je sais que je suis attirée par Raphaëlle comme par un aimant. Je sais que je suis bien dans ses bras, près de son corps. Je sais que j'aime Raphaëlle plus que tout au monde. Cela fait-il de moi une homosexuelle ? Quand même, j'ai tous les symptômes…

On frappe à la porte de sa chambre. Florence n'a pas le temps d'aller répondre, la porte s'ouvre et Raphaëlle est là, devant elle, à bout de souffle. Elle a couru jusqu'à elle. Florence ne va pas bien et elle veut être là, près d'elle. Elle veut la prendre dans ses bras, embrasser ses lèvres. Florence se laisse aller et se fait envelopper par cet amour. Ses yeux plongent dans ceux de Raphaëlle. Dans ce regard, il y a tout en même temps : la peur, le désir, l'amitié, l'amour.

– Alors, murmure Raphaëlle. Qu'est-ce qui ne va pas ?

– … Je ne sais plus où j'en suis. Par moment, j'ai peur. Et puis il y a d'autres moments où je suis sûre de moi et où je ne doute plus de rien. Dans ces moments-là, je serais prête à crier au monde entier que je suis gaie et fière de l'être. Puis la peur et les doutes reviennent.

3 **limpide** très clair – 9 **frôler** toucher légèrement – 13 **un aimant** Magnet – 19 **(être) à bout de souffle** außer Atem (sein)

– C'est normal. Ce n'est pas facile d'assumer d'être différent des autres. La société est faite par et pour les hétéros. C'est un peu comme quand on est gaucher. Tout est fait pour l'autre côté.

Florence respire un grand coup.

– Et si on regardait un film ? demande-t-elle en retenant ses larmes. Si tu veux, on passe chez Marjolaine prendre un de ses DVD et ensuite, on revient ici se glisser sous la couette avec un pot d'Häagen-Dazs saveur *Chocolate Midnight Cookies.*

Raphaëlle sourit et aide Florence à sortir du lit.

– C'est une super idée ! Il faut que tu arrêtes de réfléchir un peu ! dit-elle.

– Raphaëlle ? demande Florence en la retenant encore un instant près d'elle. Tu le sais que je t'aime ?

7 septembre

C'est fait. La rentrée des classes est passée et je suis soulagée. Comme avant, les autres m'ont ignorée. Je n'ai jamais eu des tonnes d'amis et ce n'est pas cette année que les choses risquent de changer. Andy dit que si j'avais moins l'air d'une lionne prête à griffer, les autres viendraient plus vers moi. Peut-être qu'il a raison, mais j'aime mieux être seule que d'endurer des idiots autour de moi. Je crois que personne n'est au courant pour ma relation avec Raphaëlle. Et la bonne nouvelle, c'est que Raphaëlle n'est pas dans la même classe que moi. Ce sera plus facile si on ne nous voit pas trop ensemble. À la pause, je suis sortie à l'extérieur retrouver Andy et Raphaëlle. Il y avait plein de monde autour d'eux. Il faut dire qu'Andy est très populaire et que sa rupture avec

3 **un gaucher** qui se sert de la main gauche p. ex. pour écrire – 20 **griffer** kratzen – 22 **endurer** supporter – 28 **une rupture** une séparation

Chloé a fait naître bien des espoirs chez les filles à l'école… Il y avait aussi ceux qui ont connu Raphaëlle avant son départ pour l'Angleterre et qui voulaient prendre de ses nouvelles. Je n'ai pas été étonnée de voir Tristan Boisvert à côté d'elle. Il a toujours eu un œil sur Raphaëlle et là, je crois que je n'étais pas loin de voir de la bave couler de sa bouche tellement il semblait heureux de la revoir… Raphaëlle m'a d'ailleurs fait un clin d'œil quand je suis arrivée pour me faire comprendre qu'elle avait déjà un prétendant… Le pauvre. Il est pas mal, seulement il risque de courir longtemps pour rien.

Ça me fait tout drôle de recommencer l'école. L'an dernier, j'ai terminé avec une moyenne plutôt moyenne et cette année, j'ai tellement pas envie d'être là que je sais pas comment je vais faire pour m'en sortir. Si je pouvais passer mon temps à jouer de la guitare, à lire et regarder des tonnes de films, je ne m'en porterais pas plus mal. L'école me fatigue. J'ai hâte d'en finir avec la chimie, les maths et la physique. À part la musique, je ne vois pas ce qui pourrait m'intéresser dans la vie. Et si je crève de faim en jouant de la guitare, comme aime me le rappeler ma mère, eh bien, je mangerai des pâtes et du riz tous les jours pour le reste de ma vie. Ça m'est complètement égal. La vie de bohème ne me fait pas peur. Raphaëlle me dit qu'elle veut devenir avocate. Je l'imagine plutôt bien en train de défendre la veuve et l'orphelin. Depuis toujours, Raph ne supporte pas l'injustice. Elle a toujours eu plus de facilité que moi à l'école et je crois qu'elle y arrivera, qu'elle deviendra un jour une brillante avocate.

6 la bave Sabber – **8 un clin d'œil** Augenzwinkern – **9 le prétendant d'une fille** un garçon qui veut sortir avec elle – **19 crever** *fam* mourir – **22 une vie de bohème** *f* une vie d'artiste, en dehors des normes sociales – **24 défendre la veuve et l'orphelin** *m expr* den barmherzigen Samariter spielen

Demain soir, ma mère m'autorise à dormir à la maison avec Raphaëlle. Elle m'a dit qu'elle se sentait prête à « ça ». J'imagine qu'elle a enfin accepté le fait que j'aie une vie sexuelle. Elle m'a aussi dit qu'elle aurait sûrement autant de mal à me savoir coucher avec un garçon, mais je n'en suis pas si sûre. Peu importe. Je serai heureuse d'avoir Raphaëlle dans mon lit demain soir !

C'est l'anniversaire de Florence. Raphaëlle lui organise une fête. Son père a acheté deux bouteilles de champagne et de quoi nourrir une armée d'adolescents.

– Papa, tu as fait trop de bouffe. On ne sera que cinq. Tu sais bien que Florence n'a pas une foule d'amis et puis, je n'ai pas voulu inviter ceux qui ne savent pas pour nous deux.

– Peut-être, mais il y aura Andy, Carl et Pedro et je sais que les garçons de cet âge mangent pour deux. Et puis s'il y en a trop, on finira les restes cette semaine.

– Tu vas dormir chez ma tante Michèle ce soir ?

– C'est effectivement au programme. Vous avez donc l'appartement pour vous, mais je te préviens, tout doit être en ordre demain en fin de journée. Et s'il vous plaît, personne ne fume dans l'appartement !

– T'en fais pas. Nous serons sages comme des images, promet Raphaëlle en embrassant son père sur la joue.

– Ça va toujours à l'école ? Vous… Je veux dire, on ne vous embête pas trop ?

Raphaëlle soupire et s'assoit à table, face à Yves.

– Pour l'instant, personne ne sait à part Andy et le frère de Florence. Et nous sommes discrètes. Je dirais même que nous sommes trop discrètes. Par moment, ça frise le ridicule.

– Peut-être que c'est mieux comme ça ? Parce que si ce qui s'est passé à Londres se reproduit…

22 **sage comme une image** *expr* très raisonnable, très calme – 29 **friser** *ici :* s'approcher de

– Non, papa, t'inquiète pas. Même si un jour on découvre que je suis avec Florence, je te jure que ça ne se passera pas comme à Londres. J'ai grandi depuis. Je suis moins vulnérable qu'avant.

Yves se lève et met son manteau.

– Bon. Eh bien, bonne soirée, ma grande ! Souhaite un joyeux anniversaire à Florence de ma part.

– Toi aussi, papa, bonne soirée et embrasse Michèle et son nouveau chum pour moi.

Quelques instants plus tard, on sonne à la porte. Les gars sont là. Florence devrait arriver d'une minute à l'autre. Andy, Carl et Pedro se cachent derrière le canapé avec des bombes de serpentins rouge et jaune. La sonnette retentit. Raphaëlle ordonne aux gars de se taire. Elle ouvre et se jette dans les bras de Florence. Elle l'embrasse et l'attire au salon.

– Bonne fête Florence ! Bonne fête Florence ! entonnent les trois garçons en l'aspergeant de serpentins et de confettis.

Florence reste figée sur place, rouge comme une écrevisse. Elle finit par se tourner vers Raphaëlle et fait mine de vouloir la frapper.

– Avoue qu'on t'a bien eue ! se moque Andy. T'aurais vu ta tête quand je t'ai dit que je ne pouvais pas être là pour ton anniversaire ! Tu faisais comme si tu t'en foutais, mais tu avais des couteaux à la place des yeux !

Florence lui donne un coup de poing sur l'épaule et commence à se battre avec lui. Raphaëlle les regarde se tirailler comme à leur habitude et se fâche quand Andy accroche une lampe qui valse au sol.

– Eh ! Ça suffit ! Je n'ai pas envie que mon père m'étripe à cause de vos enfantillages, lance-t-elle en s'assurant que la lampe est en un seul morceau et qu'elle fonctionne toujours.

3 **vulnérable** qu'on blesse facilement, faible – 13 **un serpentin** Luftschlange – 17 **asperger qn de qc** *ici : fig* lancer qc sur qn – 18 **une écrevisse** Flusskrebs – 19 **faire mine de faire qc** faire comme si on faisait qc – 21 **je l'ai eu** *ici : fam* ich habe ihn reingelegt – 28 **valser** *ici : fam* tomber

Florence attrape sa copine par la taille et l'embrasse sur la bouche devant les trois gars qui se regardent, un peu intimidés.

– Bon ! Et si on ouvrait le champagne et qu'on mangeait un peu ? Je n'ai pas bouffé de la journée, je meurs de faim ! plaide Carl en tapant dans ses mains.

– Dis plutôt que tu meurs de soif ! rigole Andy en le poussant vers la cuisine.

8 novembre

Dur lendemain d'anniversaire… Pourtant, tout avait bien commencé. J'étais avec mes trois meilleurs amis et ma blonde. Une fête de rêve, avec de la super bonne musique, de la bouffe à s'en faire éclater le ventre et du champagne. S'il n'y avait pas eu cette foutue première neige de l'année, tout se serait terminé comme dans un conte de fées. Mais de gros flocons se sont mis à tomber en abondance et quand Andy a vu ça, il a proposé de sortir faire une balade dehors, sous la neige. Nous étions pas mal éméchés à cause du champagne et de la bouteille de tequila que Carl avait apportée. Nous sommes sortis en rigolant et en parlant fort. On prenait la neige sur les capots des voitures pour faire une bataille de boules de neige. C'était super drôle et à un moment, Raphaëlle m'a attrapée dans ses bras et sans réfléchir, elle m'a embrassée sur la bouche. Un long et superbe baiser, en pleine rue, sous un lampadaire… Quand nous nous sommes séparées, Carl, Pedro et Andy nous dévisageaient, visiblement mal à l'aise. J'ai vite compris pourquoi : Chloé. Chloé était là, derrière nous, main

14 **foutu** *fam* verdammt – 16 **en abondance** *f* en grande quantité – 21 **le capot d'une voiture** Motorhaube – 26 **dévisager qn** le regarder, le fixer

dans la main avec son nouveau chum. Elle s'est mise à rire comme une folle. « Je le savais ! Je le savais que tu n'étais pas normale, Florence Picard ! Maudite gouine ! » Elle l'a crié pour être sûre que tout le monde aux alentours entende bien.

J'ai dû devenir blême, parce que Carl est rapidement venu vers moi et il a passé son bras sous le mien en me murmurant à l'oreille de ne pas faire attention à elle. J'ai tourné la tête vers Raph et j'ai vu dans ses yeux un mélange d'effroi et de tristesse. Elle avait envie de pleurer et ça m'a brisé le cœur. J'ai manqué de courage. Si j'avais été courageuse, je me serais approchée à deux centimètres du nez de Chloé et je lui aurais dit ma façon de penser. Mais je n'ai rien fait. J'étais tétanisée, bloquée par la peur. Chloé a fini par s'en aller au bras de son grand idiot de copain en se tortillant de rire. Avec les gars, on n'avait plus envie de rire du tout et nous sommes rentrés chez Raphaëlle en silence, complètement dégrisés. Ils nous ont laissées sur le pas de la porte. Carl m'a dit de ne pas trop m'en faire. Qu'il fallait bien qu'un jour ou l'autre ça se sache. Je suis d'accord avec lui, mais j'aurais préféré que ce moment arrive un peu plus tard et que la nouvelle ne se répande pas grâce à la langue de vipère de Chloé. Raphaëlle est rentrée en vitesse et s'est jetée sur le canapé, sans même prendre le temps d'enlever son manteau. Raph a toujours été plus fragile que moi. C'est facile de la blesser. Moi j'ai la couenne dure et je suis moins sensible au jugement des autres. Je suis restée debout devant elle pendant de longues minutes, ne sachant pas au juste quoi faire et quoi penser. Puis Raph m'a tendu les bras. J'ai saisi ses mains et je me suis assise près d'elle. Nous

3 **une gouine** *fam péj* une lesbienne – 5 **blême** pâle, blanc – 8 **l'effroi** *m* une grande peur – 12 **tétanisé** paralysé – 16 **dégrisé** wieder nüchtern – 21 **une langue de vipère** *f* une mauvaise langue – 24 **avoir la couenne** [kwan] **dure** *fam* einen Schutzpanzer haben (**la couenne** Schwarte)

nous sommes embrassées doucement puis la passion a pris le dessus. Nos vêtements ont été expédiés dans un temps record. Nous avons fait l'amour là, dans le salon. C'était bizarre. J'avais l'impression qu'il fallait qu'on s'aime encore plus fort, comme si le danger avait attisé nos sentiments. Ensuite, Raphaëlle a pleuré et m'a dit qu'il fallait se préparer au pire. Je lui ai répondu que moi aussi j'avais peur mais qu'au moins, nous étions deux et qu'Andy était là, lui aussi. Il m'a dit un jour qu'il ferait le garde du corps si on en avait besoin. Andy n'est pas super imposant physiquement, mais pas mal de monde le respecte à l'école. Enfin, j'espère que cette histoire ne va pas lui nuire. Je n'ai pas envie que mes amis souffrent à cause de mes histoires de cœur.

Florence tourne en rond dans sa chambre. Ses mains sont moites et elle a mal au ventre. Elle ne se sent pas prête à retourner à l'école et se demande s'il ne serait pas plus sage de rester à la maison, à l'abri des railleries et des mots blessants. Elle s'installe devant son ordinateur et vérifie s'il n'y a pas de message. Rien. Elle entend son père crier son nom. Il lui demande de descendre, il va la déposer à l'école. Elle prend ses affaires et descend rejoindre sa famille à la cuisine.

– Tu as une petite mine, remarque sa mère en débarrassant la table. Ça ne va pas ?

Le cœur de Florence bat la chamade et elle lutte pour ne pas pleurer. Elle tourne la tête et répond que tout va très bien. Elle aimerait dire ce qu'il se passe en elle, en ce moment précis, mais n'y arrive pas. Toujours ce même espace, long comme dix terrains de football, qui la sépare de sa mère.

– Bon… Eh bien, bonne journée, Florence, prononce Sandra d'une voix douce, en se dirigeant vers la porte. Au fait, j'ai

5 **attiser** rendre plus fort, plus intense – 12 **nuire à qn** jdm schaden – 15 **moite** qui transpire – 17 **une raillerie** une moquerie – 24 **battre la chamade** battre très fort

pensé que nous pourrions peut-être nous faire une petite fin de semaine à New York, juste toi et moi. Il me semble que ça pourrait être agréable de se retrouver ensemble, la mère et la fille, pour deux ou trois jours, ajoute-t-elle en revenant sur ses pas.

– New York ? répète Florence, surprise par la proposition. Quand ?

– Je ne sais pas. C'est juste une idée comme ça. Si tu veux, on s'en reparle ce soir. Il faut que j'y aille.

Sandra hésite, puis s'approche de Florence. Elle dépose en vitesse un baiser sur sa joue et se sauve.

– Tu es prête ? demande Paul.

Florence soupire et va prendre son manteau. Non, elle n'est pas prête et ne le sera jamais.

– J'arrive, murmure-t-elle d'une voix à peine audible.

La voiture de Paul démarre. Il jette un œil sur sa fille et se demande quelle mouche l'a piquée depuis deux jours.

– Est-ce que ça va avec Raphaëlle ?

Florence regarde sur sa droite et grommelle quelque chose qui s'approche d'un oui. Le feu rouge passe au vert et la voiture se remet en route.

– Pa, peux-tu me laisser ici ? J'ai besoin de prendre l'air. Je vais marcher un peu.

Paul s'arrête et saisit le bras de Florence avant qu'elle ne sorte de la voiture. Leurs regards se heurtent. Il voudrait parler, mais il se tait. Sa fille lui semble inaccessible et il en souffre.

Florence tente de sourire, espérant camoufler la trouille qui ne cesse de grossir en elle. Son père lâche son bras et elle s'échappe de la voiture. Elle marche vite, ravale ses larmes. La voiture de son père s'éloigne, puis disparaît de son champ de vision. L'école est là, devant elle. Des adolescents crient et se bousculent sur le trottoir. Elle doit faire face à qui elle est,

15 **audible** qu'on peut entendre – 17 **quelle mouche l'a piqué ?** *expr* qu'est-ce qui lui arrive ? pourquoi est-il de mauvaise humeur ? – 27 **camoufler** cacher – 27 **la trouille** *fam* la peur

une fille qui aime une autre fille. Mais pourquoi se réduire à ça ? Pourquoi les gens la réduiraient-ils à ça ? Le fait de préférer les filles aux garçons lui semble un détail insignifiant prenant vraiment trop de place dans sa vie… L'essentiel est ailleurs. Florence sait qu'il y a une multitude de facettes à sa personnalité et elle n'a pas envie d'être réduite à son orientation sexuelle. « C'est trop stupide », pense-t-elle, en voyant Andy apparaître devant elle, le sourire aux lèvres. Il s'approche et l'embrasse sur les deux joues. Ses lèvres effleurent son oreille. Il lui murmure de ne pas s'inquiéter, que tout ira bien.

Florence cherche Raphaëlle du regard. Elle n'est pas là. Elle a soudainement peur que son amie n'ait pas trouvé la force de revivre ce qu'elle a déjà vécu il n'y a pas si longtemps, à Londres. « Et si elle ne venait pas ? Et si elle m'abandonnait ? » se dit-elle, en balayant la foule du regard, à la recherche de Raph.

– Salut, entend-elle dans son dos.

Elle se retourne. Raphaëlle est là, aussi angoissée qu'elle. Florence prend une grande respiration. Raph est là. Elle ne lui a pas fait faux bond. Ça va déjà un peu mieux. Dans les yeux de son amie, elle peut lire : « Ne t'inquiète pas. Je suis là et je serai toujours là pour toi. »

12 novembre

Je rêve du jour où quelqu'un trouvera le vaccin capable de venir à bout de la bêtise humaine. Il y a vraiment trop d'imbéciles sur cette Terre. Je l'ai toujours su et cette semaine, j'en ai vu de beaux spécimens. Chloé a été fidèle à elle-même et en moins de deux jours, tout le monde a su que Raph et moi

20 **faire faux bond à qn** ne pas venir alors qu'on devait rejoindre qn – 24 **un vaccin** [vaksɛ̃] Impfstoff

sortions ensemble. Je ne sais pas pourquoi l'homosexualité fait si peur aux gens. Pourquoi le fait d'embrasser une personne du même sexe est perçu comme quelque chose de sale, de laid, de pervers ? Toute la semaine, Raph et moi avons croisé des visages outrés, dégoûtés ou honteux. Comme si nous étions des pestiférées, des sorcières à brûler vives sur un bûcher. On dirait que pour les gens, l'homosexualité c'est juste une affaire de sexe et de désirs malsains. L'amour et les sentiments, ils y pensent bien après, voire jamais. Heureusement, la plupart des élèves semblent indifférents. La société a quand même évolué. Je n'ose pas imaginer ce que c'était d'être gai quand mes grands-parents ou même mes parents avaient mon âge...

Hier, une fille est venue me voir et m'a dit qu'elle trouvait ça super courageux de notre part de vivre notre relation sans nous cacher. Son père est homo. Ça m'a beaucoup touchée qu'elle vienne vers moi, comme ça. Disons qu'elle m'a réconciliée avec l'espèce humaine... Surtout après ce qui est arrivé mercredi. Marjolaine nous a convoquées, Raph et moi, dans son bureau : le prof d'éducation physique avait trouvé une pancarte dans le vestiaire des filles. Elle nous l'a montrée. Dessus, on pouvait lire : « Attention, il y a des butchs dans l'école. » Je me suis mise à rire. J'ai dit que j'allais mettre un dentier avec deux longs crocs devant et que j'allais me cacher dans les toilettes pour filles pour leur faire peur. Raphaëlle, ça ne l'a pas fait rire du tout. Elle a cru que tout recommençait comme à Londres. Marjolaine nous a dit qu'il

3 **laid** ≠ beau – 5 **outré** choqué – 6 **un pestiféré** qn qui a la peste (*ici : fig*) – 6 **une sorcière** Hexe – 6 **un bûcher** un feu – 8 **malsain** *ici :* pas normal, pervers – 9 **voire** ja sogar – 19 **convoquer qn** inviter qn officiellement – 21 **un vestiaire** *ici :* la salle où on se change pour le cours de sport – 23 **une butch** *angl fam péj* une lesbienne qui a un style masculin – 24 **un croc** [kro] Fangzahn

fallait trouver le courage de rester dignes et marcher la tête haute. Elle a raison, mais ce n'est pas tous les jours facile. Tapette, pédé, gouine, pédale, butch, dyke... Ce n'est pas les mots qui manquent pour ridiculiser l'homosexualité. Sans compter les farces plates des gars qui nous regardent avec un début d'érection. Il y a toujours des scènes entre femmes dans les films pornos et ils semblent bien apprécier. Même Carl et Pedro m'ont avoué qu'ils aimaient voir deux femmes ensemble dans les films. J'imagine qu'il faudra apprendre à vivre avec ça...

Heureusement, il n'y a pas eu seulement des problèmes cette semaine. Ma mère m'a reparlé de son idée de voyage à New York. Nous partirons entre Noël et le jour de l'An. Je voulais que Raphaëlle nous accompagne, mais ma mère a insisté pour que nous soyons juste toutes les deux. Je me demande bien ce qu'on va pouvoir se dire, mais j'ai tellement envie de voir New York que je suis prête à endurer ma mère pour deux ou trois jours. Je sais que je suis une fille ingrate. Ma mère fait beaucoup d'efforts en ce moment pour se rapprocher de moi. Je devrais être reconnaissante, mais il y a toujours plein d'émotions contradictoires qui se disputent en moi quand je pense à ma mère. Je ne peux pas faire autrement. Quelquefois, quand elle n'est pas là, je me dis que j'ai une mère dynamique, ouverte d'esprit et qu'elle mérite que je sois gentille avec elle. Mais dès qu'elle est devant moi à bouger et à parler, elle m'énerve et je deviens méchante. Je l'aime quand elle est loin de moi et je la déteste quand elle est trop proche. Peut-être que nous ne sommes pas faites pour vivre ensemble ? Mon père dit qu'on se ressemble trop et que c'est pour ça qu'on ne

18 **ingrat** undankbar

peut pas s'entendre. Je sais que je lui ressemble physiquement, mais je n'ai pas le même tempérament que ma mère ! Je refuse de croire ça !

En quittant l'école, Florence aperçoit Andy, appuyé dos au mur en train de fumer une cigarette, le visage tourné vers le soleil, les yeux fermés. Elle le trouve beau, comme ça, avec son allure de bad boy, lui si gentil et sensible. Elle s'approche, sourire aux lèvres. Il se tourne vers elle, l'air triste.

– Flo, ton frère s'est fait battre. Je n'ai rien pu faire pour lui… Quand je suis arrivé, il y avait déjà deux profs en train de les séparer. Je pense que ton père est venu le chercher. Il avait le visage pas mal amoché…

– Merde… Andy, peux-tu dire aux autres que je serai en retard à la répétition ?

Florence court jusque chez elle. Son frère a beau être un grand idiot, l'idée qu'il soit défiguré ne l'enchante pas.

Elle a à peine passé la porte que sa mère l'attrape par les épaules et lui annonce :

– Ton frère s'est battu. Ton père a dû l'amener à l'hôpital pour faire des radios.

– C'est grave ?

Ils viennent de rentrer. Il a une légère commotion cérébrale, il va falloir le surveiller pendant 24 heures. D'après le médecin, il n'a rien de cassé, mais il a le visage recouvert…

Elle ne laisse pas sa mère terminer sa phrase et monte l'escalier en vitesse. La porte de la chambre de Thomas est ouverte et son père est à son chevet.

– T'as… Ça fait mal ? demande-t-elle, la gorge serrée. Thomas tourne la tête pour ne pas regarder sa sœur et garde le silence.

– C'est qui l'épais qui t'a fait ça ? demande-t-elle encore, de plus en plus énervée.

12 **amoché** (übel) zugerichtet – 16 **défiguré** entstellt – 20 **faire une radio** eine Röntgenaufnahme machen – 22 **une commotion cérébrale** Gehirnerschütterung – 27 **au chevet** *m* **de qn** auprès du lit de qn – 30 **épais** *québ fam* idiot

– Florence, viens, on va laisser ton frère se reposer. À contrecœur, elle suit son père hors de la chambre.

– Ton frère s'est battu pour toi. Il n'en pouvait plus d'entendre les garçons de sa classe se moquer de toi. Il a fait ça pour te défendre. Il s'en est pris à un gars qui fait deux fois son poids. Je ne suis pas d'accord avec la violence, Florence, mais je dois avouer que ton frère a été courageux.

Florence a du mal à croire les paroles que vient de prononcer son père. Son petit frère tant détesté, Thomas, s'est fait casser la figure pour la défendre, elle, sa grande lesbienne de sœur. Elle retourne dans la chambre de Thomas et s'assoit près de lui sur le lit. Il évite de la regarder, mais ne lui demande pas de partir.

– Thomas, papa vient de me dire que tu t'es battu pour moi. C'est vrai ? T'as vraiment fait ça ?

Thomas se décide enfin à regarder sa sœur. Son œil droit ne peut pas s'ouvrir et sa lèvre inférieure est fendue. Il a des marques rouges et violacées partout sur le visage.

– J'en pouvais plus de l'entendre, ce gros porc de Fournier. Il n'arrête pas de me dire que ma sœur est une bouffeuse de chatte, une brouteuse de gazon. Tu penses que c'est agréable d'entendre ça à longueur de journée ? Je t'haïs, mais t'es ma sœur quand même. Toi, tu ne penses jamais à ta famille, mais moi, oui ! C'est important pour moi ma famille.

Florence observe son frère, abasourdie. Il faudrait qu'elle fasse quelque chose, qu'elle le prenne dans ses bras ou qu'elle l'embrasse sur le front. Elle n'y arrive pas.

– Bouffeuse de chatte… répète-t-elle. N'importe quoi ! Thomas, c'est vrai que je ne fais pas beaucoup d'efforts pour la famille, comme tu dis, et c'est vrai que souvent, tu m'énerves à un point que tu ne peux pas imaginer. Mais je n'y peux rien, je suis comme ça. Nous sommes trop différents toi et moi… Thomas, je ne veux pas que tu te battes pour moi. Ça ne sert

1 **à contrecœur** unwillig – 17 **fendu** aufgeplatzt – 21 **la chatte** *ici : fam péj* le sexe féminin – 21 **une brouteuse de gazon** *fig péj* une lesbienne – 22 °**haïr** détester

à rien. Tu as beau taper dans le gros Fournier, ça ne le fera pas devenir intelligent.

Elle se relève et s'éloigne.

– Flo ?

– Quoi ?

Thomas réfléchit un instant, puis détourne une fois de plus son regard.

– Non. Rien.

Florence soupire et referme la porte derrière elle. Elle se dit qu'elle irait bien donner une bonne claque au gros Fournier…

12 décembre

Le directeur de l'école organise un concert le dernier jour avant les vacances de Noël. Il nous a demandé de préparer quelques morceaux. Inutile de dire que c'est tout un défi pour nous de jouer à l'école. Il y aura ceux qui n'aiment pas le genre de musique que nous faisons, ceux qui ne peuvent pas sentir les gais et ceux qui critiquent tout le temps tout et n'importe quoi. Ce n'est pas facile d'affronter la critique. Même pour moi, qui ne suis pourtant pas la plus sensible à ce niveau-là, c'est difficile d'entendre que ce que je suis ou ce que je fais c'est de la merde. Andy dit que c'est une belle occasion de montrer à tout le monde à quel point on a fait des progrès. Pour moi, c'est aussi l'occasion de montrer que je suis plus qu'une louve solitaire, marginale et gaie. Pour une fois, je n'ai pas envie de me dénigrer, au contraire, je veux être dans la lumière et montrer ce que j'ai dans les tripes. Et puis Carl et Pedro joueront avec nous. Je me sentirai plus forte si

10 **une claque** Ohrfeige – 14 **un défi** un challenge – 24 **une louve** Wölfin – 24 **marginal** non-conformiste – 26 **avoir qc dans les tripes** *fpl* Mumm haben

tout le groupe est là. Et comme ils sont plus vieux, ils ne se laisseront pas démonter par une petite bande de morveux.

Sinon, la vie continue d'être belle quand je suis seule avec Raphaëlle, malgré les doutes qui parfois remontent de je ne sais où… S'il n'y avait pas mes parents pour nous freiner, je crois que nous passerions toutes nos nuits ensemble, chez elle. Raph peut maintenant dormir à la maison, mais je ne me sens pas à l'aise de faire l'amour avec elle quand je sais que mon frère est dans la chambre juste à côté. Chez elle, c'est plus simple. Son père dort au rez-de-chaussée. Avec Raph, on pense à la possibilité de prendre un appartement ensemble l'an prochain. Un petit endroit juste à nous ! Ma mère trouve que c'est de la folie de dépenser de l'argent pour un appartement pendant mes études, mais j'ai trop hâte d'être indépendante. Je travaillerai en même temps que l'école et je ne demanderai rien à mes parents.

Pour ce qui est de New York, pour une fois, ma mère semble vouloir tenir sa promesse. Comme quoi, tout peut arriver dans la vie ! Ma mère est une spécialiste dans l'art de me décevoir. Elle m'a fait le coup tellement souvent ! Quand j'étais petite, elle me promettait dix mille sorties ou cadeaux et j'en voyais rarement la couleur… Je ne sais pas comment se déroulera ce petit voyage, mais j'ai hâte de voir New York, même si je sais que je vais m'ennuyer à mourir sans Raphaëlle.

Dans moins d'une heure, Bonnie and Clyde feront leur apparition. Ils passeront à la toute fin du concert, après un petit ensemble de musique classique. Andy court dans tous les

2 **démonter** *ici :* troubler, intimider – 2 **un morveux** *fam péj* Rotznase – 5 **freiner** *ici :* poser quelques limites, quelques restrictions – 21 **ne pas voir la couleur de qc** etw nie zu Gesicht bekommen

sens et fume cigarette sur cigarette. Il y a des jours où Florence trouve qu'il ressemble à James Dean dans *La fureur de vivre*. Il est de plus en plus beau et les filles de plus en plus dingues de lui. Les autres membres du groupe ont fait des paris sur qui sera la prochaine fille dans sa vie. Il a fini de digérer son histoire avec Chloé, et son cœur est à prendre. Et puis de voir Florence et Raphaëlle aussi bien ensemble lui donne envie d'être à nouveau amoureux.

– Hé ! Où est passée Raphaëlle ? demande Andy. Il faut qu'elle arrive tout de suite ! On va jouer dans quelques minutes !

Florence pose sa guitare et va rejoindre Raphaëlle qui ne ressort plus des toilettes.

– Raph ? Ça va ? T'es malade ?

Raphaëlle tire la chasse d'eau et sort, verte comme une asperge.

– Je pense que c'est le trac. J'ai vomi et ça va mieux.

– Attends, je vais chercher du maquillage. Ton mascara a coulé.

Florence court jusqu'à sa case chercher ses affaires. Raphaëlle reste seule et en profite pour faire des exercices d'échauffement vocal. Elle sent une présence dans son dos et se retourne brusquement. Chloé est là avec toute son arrogance. Elle dévisage Raphaëlle d'un air provocateur.

– Tu veux quoi ? Tu cherches quoi ? lui demande Raphaëlle en soutenant son regard.

– Rien. Je suis juste venue aux toilettes. J'ai le droit, non ? À moins que ces toilettes soient maintenant réservées aux lesbiennes ? Avez-vous déjà pensé que vous seriez mieux du côté des garçons ? Ah oui, j'oubliais ! Vous ne pouvez pas pisser debout !

– Laisse-la tranquille !

Chloé sursaute et se retourne. Andy se tient derrière elle, le visage dur. Il s'approche et saisit son bras.

3 **dingue** *fam* fou – 15 **une asperge** Spargel – 16 **le trac** Lampenfieber – 21 **un échauffement** un entraînement

– Lâche-moi ! Tu me fais mal ! Et qu'est-ce que tu fais dans les toilettes des filles ?!

– Je suis venu chercher Raph. Et puis de toute façon, je n'ai pas de compte à te rendre !

– Andy, arrête. Elle s'en allait. N'est-ce pas, Chloé, que tu t'en allais ? demande Raphaëlle.

Andy libère sa prise et Chloé reste un moment à se masser le poignet.

– J'espère que tes deux amies te donnent des cours. Elles sont sûrement meilleures que toi au lit avec une fille, lance-t-elle à Andy avant de déguerpir.

Florence revient, une trousse de maquillage à la main.

– Qu'est-ce qu'elle voulait ? Vous en faites une tête !

– Elle veut que vous me donniez des cours pour faire l'amour, répond Andy.

– Il ne manquerait plus que ça ! s'exclame Florence en riant.

Elle se tourne vers Raphaëlle.

– Ton maquillage !

– Laisse tomber. Je reste comme ça.

Raphaëlle attrape Florence par la taille et dépose un léger baiser sur ses lèvres.

– C'est dégueu ! Tu viens de vomir ! s'insurge Florence en s'essuyant la bouche du revers de la main.

Les cinq membres du groupe se rassemblent dans les coulisses et forment un cercle.

– Come on, *Bonnie and Clyde* ! Nous allons leur montrer ce qu'on a dans le ventre ! clame Andy.

Des applaudissements et des cris se font entendre. Le quatuor à cordes quitte la scène. Raphaëlle et Florence se pressent contre le mur pour les laisser passer. La violoncelliste leur sourit derrière son instrument encombrant.

4 **rendre des comptes** *mpl* **à qn** se justifier devant qn – 11 **déguerpir** partir vite – 29 **un quatuor à cordes** *fpl* Streichquartett – 31 **encombrant** qui prend beaucoup de place

– Bonne chance, les filles ! dit-elle en faisant un clin d'œil à Florence, visiblement troublée par la jeune femme.

– Eh ! Ça va, il faut t'en remettre, murmure Raphaëlle, agacée.

– Ben quoi ? Qu'est-ce que j'ai fait ? Elle est belle, non ?

– Belle mais hétéro à mort ! Arrête de draguer les filles et concentre-toi un peu. C'est à nous !

Raph serre la main de Flo très fort dans la sienne. Le groupe s'avance sur la scène. Florence remarque Thomas dans les premières rangées, avec sa mine renfrognée. Derrière lui, le gros Fournier fait des gestes obscènes en direction de la scène. « Toi, si tu continues comme ça, tu vas avoir affaire à la grande sœur avant longtemps », se dit Florence en branchant sa guitare à l'ampli.

Quelques personnes applaudissent et d'autres huent. Florence regarde tous ces visages, prêts à se moquer d'eux si jamais ils ne sont pas à la hauteur. Elle est morte de trouille. Carl bat la mesure. Un, deux, trois, quatre. Le moment est venu de jouer, de donner le meilleur de soi-même. Ils ont choisi la chanson « Fallen » d'Evanescence pour commencer. C'est Raphaëlle qui a insisté. Elle connaît cette chanson sur le bout des doigts. Au début, sa voix tremble un peu, mais prend rapidement de l'assurance. Les gens dans la salle n'existent plus, il n'y a que la musique qui compte.

C'est la fin du premier morceau. Des filles hurlent le nom d'Andy. Ce dernier ne peut résister et joue la star derrière sa basse. Des spectateurs continuent de faire la gueule, mais après deux autres chansons, dont « Smells Like Teen Spirit » de Nirvana, la musique vient à bout des plus récalcitrants. Ne reste que quelques âmes en peine, dont Chloé, qui s'accroche

6 **draguer qn** essayer de séduire qn – 10 **renfrogné** mürrisch – 15 °**huer** buhen – 21 **sur le bout des doigts** *expr* par cœur – 29 **récalcitrant** qui résiste, qui ne coopère pas – 30 **une âme en peine** *ici :* une personne qui ne s'amuse pas

au bras de son nouveau copain en serrant les mâchoires. Tout se déroule comme prévu jusqu'à la fin du concert. Le directeur prend la parole et souhaite de bonnes vacances à tout le monde. Les élèves se dispersent en se bousculant, surexcités par la musique. Quelques filles restent devant les musiciens et sourient timidement à Andy, Carl et Pedro. Personne n'ose s'approcher de Florence et Raphaëlle, mais plusieurs les regardent, intriguées.

– Tu crois qu'il y a d'autres filles comme nous dans l'école ? demande Florence en rangeant sa guitare dans son étui.

– Ben, s'il y a entre 5 et 10 % de la population qui est homo, ça voudrait dire que nous ne sommes pas les seules. Qui sait, nous avons peut-être des groupies comme Andy ? Tiens, ton frère arrive !

Raphaëlle se tourne et saute dans les bras de Carl en criant de joie. Thomas s'avance timidement. Il tend un petit paquet mal enveloppé à sa sœur.

– Tiens. C'est ton cadeau de Noël. Je te le donne un peu en avance.

Florence fronce les sourcils et développe le présent.

– Des cordes de guitare ! Vive les cadeaux utiles !

– Flo, je te déteste toujours autant, mais je suis fier de toi, dit-il, rouge jusqu'aux oreilles. Tu joues super bien.

Florence lui donne un coup de poing sur l'épaule.

– Peut-être qu'un jour on ne se détestera plus, toi et moi, dit-elle.

– Ouais. Peut-être bien, répond Thomas avant d'aller rejoindre ses copains.

1 **serrer les mâchoires** *fpl* serrer les dents – 4 **se disperser** partir dans des directions différentes – 8 **intrigué** curieux – 21 **une corde** *ici :* Saite

27 décembre

Je suis à New York ! Cette ville me donne envie de voyager, d'aller voir ailleurs ce que le monde a à offrir. Ma mère m'a raconté qu'à 18 ans, elle et son petit ami de l'époque étaient venus ici. Elle m'a raconté des choses qu'elle ne m'avait jamais dites sur son passé, son adolescence. C'est bizarre... Comme si le fait d'être loin de la maison nous permettait de nous rapprocher. Elle m'a dit qu'elle avait dû se faire avorter quelques mois avant de rencontrer mon père et que jamais elle n'avait oublié ce jour de janvier, alors qu'il faisait -30° et qu'elle pleurait en attendant l'autobus avec sa meilleure amie pour se rendre à la clinique. Elle m'a dit que j'avais ce problème en moins en couchant avec une fille. Elle a ri et moi aussi. Je suis contente d'être ici, avec elle. Je ne sais pas si cette bonne entente durera quand nous retournerons à Montréal. Peu importe. Je profite de cette accalmie.

Je rentre le 30 à Montréal. Nous passons le jour de l'An ensemble, les cinq Bonnie and Clyde. Raph me manque. J'aimerais qu'elle soit là à mes côtés dans cette ville immense. Son sourire me manque. La douceur de sa peau, la lumière vive de ses yeux me manque. Je l'aime.

8 **se faire avorter** abtreiben (lassen) – 16 **une accalmie** une phase calme après une période mouvementée

Un an plus tard

20 décembre

Nous sommes dans le train de nuit, entre Barcelone et Paris. Je n'ai pas sommeil et Andy dort comme une bûche dans sa couchette. J'ai eu envie d'écrire un peu dans ce journal encore vierge que m'a offert ma mère avant mon départ de Montréal. Nous sommes partis le lendemain de mon dix-huitième anniversaire, sac au dos. Comme moi, Andy ne se sentait pas prêt pour le cégep et nous avons choisi de ne pas retourner à l'école en septembre. Dès que nous avons eu assez d'argent, nous avons acheté nos billets d'avion pour Paris. J'avais besoin de quitter Montréal, de changer d'air, de monde, d'environnement. J'avais besoin de me vider la tête et de partir loin de tout. Peut-être que ces quelques semaines de voyage m'aideront à trouver ce que je veux faire de ma vie. Peut-être pas. Mais au moins, j'aurai vu quelques coins d'Europe.

Quand Raphaëlle m'a laissée à la fin juin, j'ai décidé de ne pas rentrer au cégep à l'automne. Ce fut l'été le plus pourri de toute ma vie. Je m'en voulais à mort d'avoir tout gâché. Tout est de ma faute... Pedro m'attirait. J'ai couché avec lui. J'avais besoin de savoir comment c'était avec un garçon. Je voulais être sûre de ne pas me tromper. J'ai préféré jouer franc jeu et je l'ai dit à Raph. Elle n'a pas compris. Je l'ai blessée et elle m'a éjectée de sa vie à coup de « je te déteste ». Bonnie and Clyde n'ont évidemment pas résisté à la crise. Andy m'en a beaucoup voulu, mais pas autant qu'à Pedro. Il croit que c'est lui le grand coupable de ma rupture avec Raphaëlle et de la mort du groupe. Moi je sais que ce n'est pas lui, c'est moi la

3 **comme une bûche** profondément – 5 **vierge** *ici* : vide, neuf – 17 **pourri** *fam* mauvais – 21 **jouer franc jeu** *expr* mit offenen Karten spielen

vraie coupable. Je pensais juste à moi, j'ai tout fait exploser et il ne se passe pas une journée sans que je le regrette.

Depuis notre départ, à chaque fois que nous changeons de ville ou de village, j'envoie une carte postale ou un petit mot à Raphaëlle. Elle ne répond jamais, mais je ne perds pas espoir. Avant de partir, j'ai voulu la voir, j'avais besoin de lui parler, de lui dire que je l'aimais. Elle a refusé. Dans l'avion qui nous amenait à Paris, je n'ai pas arrêté de pleurer. Andy n'en pouvait plus de me voir le visage ruisselant et la morve au nez. Il essayait de me changer les idées en me racontant des blagues idiotes. Andy ! Je ne pourrai jamais trouver un meilleur ami que lui ! Mes parents étaient rassurés de me voir partir en sa compagnie. Ils ne voulaient pas que je parte seule pendant deux mois, si loin de la maison. Moi aussi je suis heureuse qu'il soit avec moi. On s'amuse bien tous les deux. Le plus drôle, c'est quand on regarde les filles ensemble. Évidemment, il a plus de succès que moi. Pas difficile, comme la grande majorité des filles sont attirées par les garçons... Nous sommes allés dans une discothèque gaie à Barcelone. Ça m'a bien amusée de voir Andy au milieu de tous ces beaux garçons ! Le pauvre, il n'était pas super à l'aise, mais il tenait à m'accompagner. Il y a une fille assez jolie qui est venue vers moi. Nous avons passé la soirée ensemble, mais j'ai refusé de la suivre chez elle. Je ne voulais pas abandonner Andy et puis je n'arrêtais pas de penser à Raph. Je ne me voyais pas coucher avec quelqu'un d'autre. En sortant du bar, Andy m'a dit qu'il pouvait comprendre que j'aie parfois envie d'être avec des personnes comme moi. Il comprend que ce n'est pas évident tous les jours de faire partie d'une minorité.

Demain matin, nous serons de retour à Paris et comme nous n'arrivons pas à nous mettre d'accord sur la prochaine

9 **ruisselant** *ici :* plein de larmes

destination avant de rentrer à Montréal, nous avons décidé de nous séparer. Andy ira à Amsterdam et moi, à Tel-Aviv. Mes parents ne voulaient pas que j'aille en Israël. Ils ont peur des attentats qui peuvent survenir à tout moment là-bas. Mais je suis une grande fille maintenant. Je ferai donc ce que j'ai envie de faire. J'irai au centre gai et lesbien de Tel-Aviv. Je pense souvent à la fusillade qui a fait deux morts là-bas l'an dernier. Cet événement m'a fait prendre conscience à quel point il peut être compliqué d'être différent et jusqu'où les êtres humains sont capables d'aller dans leur haine des autres. J'aimerais aller déposer une pierre sur la tombe de la jeune fille qui a été assassinée. Un petit caillou pour lui dire que sa mort a bouleversé une mère et sa fille, quelque part, à l'autre du bout du monde.

Hier, j'ai encore envoyé un courriel à Raphaëlle. Je me suis juré que c'était le dernier s'il n'y avait pas de réponse. Je tente un dernier rapprochement avant de jeter l'éponge et de passer à autre chose. « Passer à autre chose ». Cette phrase me donne envie de vomir. Les amours sont-ils interchangeables comme des vêtements ? J'ai du mal à le croire ou, plutôt, ça me fait mal d'y croire. Comment pourrais-je oublier Raphaëlle, mon premier amour ? J'espère que notre histoire n'est pas terminée et qu'elle voudra de moi à mon retour à Montréal. Dans mon message, je lui dis que si elle éprouve encore des sentiments pour moi, je serai au Buzz Café le 30 décembre à 18 h. D'ici là, je vivrai avec l'angoisse de ce rendez-vous. Viendra- t-elle ou ne viendra-t-elle pas ? L'espoir fait vivre, il paraît. Je garde espoir.

7 **une fusillade** Schießerei – 12 **un caillou** une petite pierre – 17 **jeter l'éponge** *f expr* laisser tomber

Biographie

Née au Québec, Isabelle Gagnon vit aujourd'hui à Paris. Elle a fait paraître deux romans, *Le souffle des baleines* (2008) et *Marie Mirage* (2000).

La fille qui rêvait d'embrasser Bonnie Parker est son premier roman jeunesse.